Si je change, le monde change : l'effet papillon

De Victoire Theismann

Ouvrage collectif avec Guy Corneau : *Mieux s'aimer pour aimer mieux*, J'ai lu, 2019.
L'Ami d'éternité, Pygmalion, 2016.
À jeudi, Éditions Le Manuscrit, 2006.

Victoire Theismann
Illustrations de Laurie Neuhuys-Barboteau

Si je change, le monde change

L'effet papillon

Pygmalion

Pour plus d'informations sur nos parutions,
suivez-nous sur Facebook, Instagram et Twitter.
https://www.editions-pygmalion.fr/

ISBN : 9782756432588

« Nous n'avons plus le temps de nous reposer sur l'espoir. Il est temps de passer à l'action. »

Martin LUTHER KING

« Et si nous soutenions la lumière sans combattre l'ombre ? »

Nicole AKNIN

À ma mère, qui à sa façon m'a appris le respect
et l'amour de toutes formes de vie.
Ma gratitude est infinie.

« **Effet papillon** » est une expression qui résume la métaphore exprimée par Edward Lorenz lors d'une conférence scientifique en 1972 sur la théorie du chaos et dont le titre était : « Le battement d'ailes d'un papillon au Brésil peut-il provoquer une tornade au Texas ? »

Sommaire

Préface

Sur un ton plutôt informel et familier, comme si elle suivait le fil vagabond d'une conversation amicale menée avec cœur, Victoire Theismann nous rappelle un message simple et de bon sens : n'attendons pas que « ça » change autour de nous pour nous changer, nous, et changer notre façon d'être. Elle nous encourage à contribuer à cette révolution silencieuse qui rassemble celles et ceux qui transforment quasi secrètement le système en place en transformant leurs pensées, leurs croyances et leurs habitudes de fonctionnement.

Elle met en avant notre responsabilité de *consom'acteur* qui, par nos achats, cautionne – ou pas – des produits, des modes de production, des rapports humains et financiers équitables ou abusifs, des systèmes de répartition ou d'accaparement des ressources.

Elle nous exhorte à ne pas baisser les bras devant l'apparence dérisoire de nos gestes et, au contraire, à garder bien à l'esprit la conscience que les grands changements ont de tout temps été portés par de petits groupes humains convaincus et engagés.

J'apprécie particulièrement la détermination de Victoire à changer d'état d'esprit. L'heure n'est plus à adapter quelques gestes pour *faire autrement*, l'heure est à penser différemment pour apprendre *à être autrement.* Nous sommes fatigués de *la course à tout bien faire en oubliant d'être*, nous savons que cette course nous épuise et épuise la planète ! Nous aspirons à vivre à des rythmes plus doux en savourant le moment et nos relations.

Au fond, nous le savons de connaissance intime : nos vraies joies profondes et durables ne relèvent pas de l'ordre de l'avoir mais de l'ordre de l'être ; elles naissent de la qualité des liens que nous savons créer, nourrir et encourager en nous et autour de nous. Nous savons que nous pouvons très bien vivre plus sobrement et faire nôtre la devise du mouvement de la simplicité volontaire : « moins de biens, plus de liens », à commencer par le lien avec nous-même, premier humain dont nous avons la charge.

Plus nos liens sont vrais, sincères, joyeux, profonds et féconds, plus nous savourons *ce qui est* en ressentant de la gratitude, de l'unité et même de la plénitude. Et nous pouvons nous contenter – c'est-à-dire être contents – de peu parce que c'est « assez ». Inversement, plus nos liens sont superficiels, fonctionnels, frictionnels ou automatisés, plus nous ressentons du manque, de la séparation et l'envie de compenser l'absence jusqu'à l'addiction. Alors nous voulons toujours « plus », et c'est parti pour la course !

Ces dernières années, il me semble que de plus en plus de nos contemporains perçoivent que dans cette course à tout avoir, tout voir, tout essayer nous nous sommes laissé engluer dans un vaste mécanisme compensatoire érigé en mode de vie sociale. En effet, nous avons plus appris à compenser notre mal-être qu'à nourrir notre bien-être profond et contagieux. Devant les enjeux d'aujourd'hui – que Victoire Theismann rappelle en début de livre pour celles et ceux qui ne les auraient peut-être pas à l'esprit –, nous avons grand besoin de sortir de cette hallucination collective en affinant notre discernement pour mieux nous connaître, nous (ré)ancrer dans nos valeurs, (ré)étalonner nos priorités et *petit à petit* – rien de magique là-dedans, il s'agit d'un processus comme le jardinage – vivre la vie pleine et féconde qui nous correspond.

Tout cela s'apprend, comme nous apprenons les maths, l'informatique, le chinois ou le foot.

Victoire et moi avons en commun un très grand ami – décédé en 2017 –, le psychanalyste jungien Guy Corneau, qui encourageait chacun à développer l’ouverture de cœur et à trouver son élan de vie propre, car c’est là que nous sommes joyeux et généreux de nous-même. Nous partageons cette conscience du bénéfice communautaire de l’éveil à la vie en soi, ce que j’appelle dans mon travail l’*intériorité citoyenne*.

Ce livre, écrit dans cette intention, est une invitation à entrer dans le processus de jardinage intérieur pour y cultiver, et apporter au monde, un art de vivre et de vivre ensemble.

Février 2020
Thomas d’Ansembourg

I HAVE A DREAM

Avez-vous observé à quel point, chaque jour, les médias, les réseaux sociaux, nos amis nous énumèrent des mauvaises nouvelles ?

Avez-vous ressenti, comme moi, une sensation d'impuissance ?

Avez-vous eu envie de faire l'autruche ?

Vous êtes-vous dit : « On ne peut rien y changer. Ce n'est pas moi à mon petit niveau qui vais faire la différence » ?

J'ai eu les mêmes interrogations, les mêmes lassitudes, les mêmes désespoirs, les mêmes découragements, les mêmes frustrations…

Si ce n'est que j'ai eu pour mère une personne qui, à l'heure où Internet n'existait pas, avait réussi à obtenir, à elle seule, plus de 8 000 signatures pour soutenir le commandant Cousteau qui se battait pour la protection des baleines. C'est aussi elle qui m'a appris à respecter toutes les formes de vie et qui, bien avant Nicolas Hulot, *Sea Sheperd* et les mouvements écologistes, m'enseignait que nous faisions partie de la nature, que les animaux et les plantes étaient une des formes de l'expression de la vie, que nous en étions une autre et que chacune avait sa place et sa fonction. Elle me disait également qu'il n'y avait pas de supériorité d'un règne mais une complémentarité et différentes formes d'intelligences.

Ce regard sur le vivant et sa beauté a eu son importance sur ma construction.

Alors, face aux mauvaises nouvelles, face à ce sentiment d'impuissance, petit à petit, au plus profond de moi s'est éveillée une force me poussant à m'informer, à regarder autrement toute cette négativité ambiante, à me documenter, à chercher des solutions, à m'impliquer.

Cela ne signifie pas que je refusais ces informations, mais simplement que j'essaie toujours de découvrir de quelle façon faire évoluer une situation dénoncée. Et c'est là que cela devient passionnant. C'est là que nous ne sommes plus démunis confrontés à la catastrophe annoncée. C'est là que nous devenons les créateurs et les acteurs de notre destinée.

Oh, bien sûr, je n'ai pas la prétention de changer le monde, mais j'ai choisi de ne plus me laisser imposer une vision potentielle de mon avenir et de celui de mes enfants, petits-enfants et des générations suivantes.

J'ai envie que la vie rayonne, et pas la non-vie.

J'ai envie de croire que tout est possible.

J'avais envie de changer MON monde, car en changeant mon monde cela a un impact sur ceux qui m'entourent, sur ce qui m'entoure et l'effet « domino » œuvre.

Par quoi ai-je commencé ?

J'ai lu des livres que je n'aurais jamais eu envie de lire auparavant. J'ai parcouru le Net à la recherche d'informations. J'ai visionné des films comme *En quête de sens* de Marc de la Ménardière et Nathanaël Coste. J'ai contribué à des projets parmi lesquels la production de documentaires, tel que *Demain* de Cyril Dion et Mélanie Laurent. Et, plus je m'informais, plus la tâche me semblait immense mais pas forcément impossible.

Et puis…

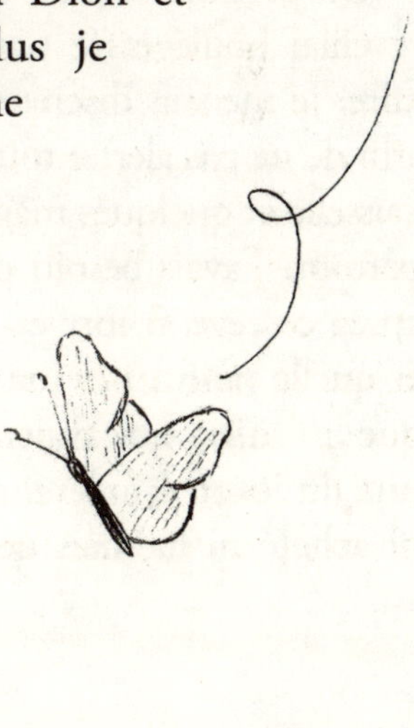

J'ai fait un rêve.

Un rêve si concret, si « vivant » que je ne suis jamais parvenue à l'oublier. Dans les faits, il n'avait rien d'exceptionnel. Mais il m'invitait à prendre un chemin, un *autre* chemin, à aller plus loin, à oser !

J'étais dans les Antilles françaises pour un colloque que j'avais organisé – comme je le faisais tous les deux ans dans le cadre d'une association que j'avais créée – et j'avais invité mon ami, Guy Corneau, le psychanalyste et psychothérapeute québécois. Fidèle à lui-même, il avait été brillant, profond, drôle, passionnant et avait séduit le public par sa capacité à rendre clair et accessible ce qui semble si complexe : l'amour de soi pour mieux aimer l'autre. Tout un programme ! Et quel beau programme !

Une fois le colloque terminé, les vacances ont pu commencer.

Ce premier matin de liberté retrouvée, je me réveillai bouleversée par le songe que je venais de faire. Je me suis discrètement rendue dans la cuisine afin de ne pas alerter toute la maisonnée. J'ai rangé la vaisselle et quelques magazines qui traînaient un peu partout. J'avais besoin de faire des choses concrètes après ce rêve si fort et puissant. Je rangeais, donc, et quelle ne fut pas ma surprise quand je découvris que les sujets qui avaient hanté ma nuit faisaient la une du journal *Libération* de la veille, que je n'avais ni acheté ni lu mais qui était là…

J'étais interdite, ce journal en main, quand Guy a débarqué. Je devais faire une drôle de tête, puisque sa première question fut : « Tout va bien, Victoire ? », avec une petite inquiétude dans la voix.

Je n'ai pas pu répondre et lui ai simplement tendu le papier. Il l'a vaguement parcouru du regard, puis m'a scrutée, interdit.

Je lui ai alors raconté ce fameux rêve.

Je monte sur une scène. C'est un théâtre mais je ne vais pas jouer une pièce. Je sens que je suis là pour donner une conférence. Je suis un peu intimidée. Je pense que c'est une de mes premières expériences en tant que conférencière. Il n'y a pas de spectateurs comme quand j'étais comédienne. Je ne joue pas un rôle. L'enjeu est très différent, les gens qui sont là attendent quelque chose de moi. Je les perçois très concernés par le sujet.

Au premier rang, assis l'un à côté de l'autre et dans l'ordre, se trouvent ma mère ainsi que mes amis Bernard Giraudeau et Guy Corneau.

Derrière moi, sur un grand écran, défilent à grande vitesse des images effrayantes de notre planète, de sa destruction, des guerres, des conflits, des pollutions. Ces images, sont accompagnées d'une musique violente, puis le rythme des photos ralentit, la mélodie change. C'est une chanson de Mila Lights, « Butterfly », et c'est toute la beauté de la planète et du vivant qui envahit l'écran.

Depuis l'estrade, je plonge dans les yeux de ma mère et j'y lis des encouragements. Comme si elle me disait : « Bravo, tu as trouvé le moyen de faire passer les messages importants sans être dans la bataille, sans être "contre", sans "juger". »

Puis, je croise le regard de Bernard. Je le sens très impliqué.

C'est alors que Guy se lève et me rejoint sur scène.

Il s'adresse au public auquel il affirme que ce que j'ai à transmettre est essentiel. Il dit : « Et maintenant, Victoire va nous expliquer comment nous pouvons — tous — transformer le monde de chez nous, sans bouleverser nos vies de fond en comble. »

Sur l'écran, un titre s'inscrit :

Un battement d'ailes de papillon peut changer le monde.

Je termine mon récit dans l'aube antillaise douce et chaude. Le regard plein de bienveillance et le beau sourire de Guy m'enveloppent. Il prend une inspiration et dit : « Eh bien, il te reste à écrire un livre, Victoire, et évidemment, je te suis ! Ton âme m'y invite. »

Nous avons préparé le petit déjeuner ensemble, accompagnés par John Lennon qui chantait « Imagine » à la radio. Coïncidence ?

Progressivement, la maison s'est éveillée et une demi-heure plus tard, nous étions tous attablés face à la beauté du monde.

Une journée magnifique commençait et une page de vie aussi.

La graine de cet ouvrage était plantée, soutenue par l'un des plus merveilleux êtres que la vie m'a offert de rencontrer.

*

Plusieurs années ont passé depuis mais ce songe est toujours présent en moi et chaque jour, j'essaie de mettre en application ce qu'il m'a appris. J'en ai conservé cette simple certitude : tout commence par Moi, par Toi, par Nous.

Je ne veux pas dire que je suis devenue totalement égocentrique, non. J'ai simplement compris que le point commun entre tous les êtres qui, à leur échelle, ont un impact sur les prises de conscience plus globales est d'avoir d'abord, humblement, remis en question leur regard sur eux-mêmes. Ils ont tous changé de vie ou de façon de regarder la vie, de la vivre et de la penser. Et cela a permis des évolutions extraordinaires. Ces personnes m'ont ouvert les yeux.

Je n'ai qu'un seul souhait : que, le plus rapidement possible, un maximum d'individus sur notre belle planète se rendent compte des conséquences de leurs choix, de leurs non-choix, de leurs manques de connaissance. Et aussi de l'impact de nos actions constructives, conscientes, responsables, en commençant par cet être unique et précieux que nous sommes et notre relation à nous-même et au monde.

Car rien, absolument rien, n'est anodin.

Nos pensées et nos croyances conscientes ou inconscientes ont autant d'importance et d'influence que nos actes.

Ce livre est né d'un rêve. Il ne tient qu'à ***nous*** que ce dernier devienne réalité.

ET SI NOUS NOUS Y METTIONS ?

La planète a atteint des records de chaleur en 2019 et en 2020. 11 milliards de tonnes de glace ont fondu au Groenland en une journée. Les toits du monde passent de plus en plus du blanc des neiges éternelles immaculées au gris des roches. Même les glaciers de l'Himalaya ne sont plus que l'ombre de ce qu'ils étaient. L'Amazonie, l'Australie, la Californie, la Sibérie, la Bolivie ont subi des incendies dévastateurs. La concentration en CO_2 est la plus dense depuis trois millions d'années…

Pourtant, nos gouvernements semblent être atteints de cécité et de surdité collectives.

Le conférencier et essayiste Idriss Aberkane nous dit que toutes les grandes découvertes, les grands changements, les grandes prises de conscience sont passées par ces étapes :

1 – Ce qui est proposé est ridicule.

Exemple : le changement climatique, c'est de la foutaise. Ou encore, Galilée affirmant que la terre tourne autour du soleil est moqué par les scientifiques de son époque.

2 – Ce qui est affirmé est dangereux.

Exemple : les lanceurs d'alertes sur le climat, les pesticides, la pollution sont des empêcheurs de tourner en rond qui mettent en danger l'économie, notamment, avec des affirmations, des constats, des rapports traités par le mépris ou dénigrés. L'influence de leurs propos est perçue comme dangereuse. Ou, pour reprendre l'exemple de Galilée, après avoir été raillé par ses pairs, sa théorie héliocentrique considérée comme fantaisiste, il est ensuite reconnu coupable de blasphème et assigné à résidence jusqu'à la fin de ses jours. Car il est craint que sa théorie mette en péril le pouvoir de l'Église.

3 – Ce qui est affirmé est reconnu comme une évidence.

Exemple : Le changement climatique est de plus en plus pris en considération et l'impact de l'humain reconnu. Pour Galilée, la théorie sera prouvée et deviendra donc évidente.

L'humain est ainsi fait que si on lui donne trop de pouvoir, il en abuse. C'est évidemment le cas des dictateurs tels Staline, Hitler, Pinochet, etc., ou aujourd'hui Erdogan, Maduro, Bolsonaro, Kim Jong-Un qui sont sur la même voie. Et, même si c'est difficile à accepter, c'est aussi le cas des démocraties néo-libérales. Les grands groupes commerciaux, les grandes organisations ont un immense pouvoir. Les traités de libre-échange signés et ratifiés ces dernières années donnent un pouvoir presque absolu à ces groupes au détriment des États et des peuples. Or, ces traités soutiennent une économie construite sur une croissance perpétuelle et sur le consumérisme qui sont dramatiques pour la planète, le vivant, et donc l'humanité.

Peut-être peut-on trouver là les raisons qui empêchent nos dirigeants de prendre des mesures radicales et urgentes pour le bien de tous.

Il aura fallu l'apparition d'un virus, un peu plus contagieux que les autres, pour arrêter le monde et nous prouver que – si c'était encore nécessaire –, quand l'humanité est à l'arrêt, la planète et le vivant se portent mieux. La pollution atmosphérique disparaît en quelques jours, la pollution acoustique aussi, la nature revit, les oiseaux reviennent dans les villes et chantent. L'humain – et les dangers qu'ils représentent – étant confinés, les autres espèces revivent et le monde s'apaise.

Alors qu'elle sera l'étape suivante ? Que sera ce monde d'Après ?

Les scientifiques nous disent que la planète est surexploitée, que nous arrivons au terme des ressources non renouvelables. Ils nous révèlent que la moitié de l'humanité pourrait être en situation de stress hydrique – pénurie d'eau douce – d'ici 2025, que nous sommes de plus en plus nombreux et que ce simple fait est un problème pour la survie sur la planète. Ils nous disent aussi que l'élevage et l'agriculture intensifs consomment à eux seuls 70 % des ressources en eau. L'argent, le chrome, l'or, le zinc, le cuivre, l'uranium et le strontium – pour n'en citer que quelques-uns – sont également proches de la pénurie. Tous ces matériaux seront épuisés très bientôt, certains dès 2022. L'indium – que nous utilisons pour fabriquer des écrans plats et des panneaux photovoltaïques – pourrait être épuisé d'ici quatre à six ans, le strontium d'ici 2028 et l'étain, le plomb, le diamant, l'hélium, le cuivre et tant d'autres dès 2039…

Je n'ai rien inventé. C'est un petit aperçu de ce qui est cité par le groupe d'experts intergouvernemental sur l'évolution du climat : le Giec.

Ce dernier a rendu un rapport très inquiétant sur le réchauffement mondial et les conséquences d'une augmentation de 1,5 °C de la température par rapport à la période préindustrielle. Ce rapport, commandé lors de la COP 21, informe sur l'état de notre planète en prenant pour postulat que l'accord de Paris soit respecté.

Rappelons que l'accord de la COP 21 a pour objectif de tenter de limiter le réchauffement climatique provoqué par les activités humaines à 1,5 °C, voire 2 °C et qu'il a été signé par 197 États et ratifié par 188.

Que dit ce rapport ?

Les émissions de gaz à effet de serre liées aux activités humaines sont la principale cause du réchauffement climatique et il n'y a plus aucun doute.

Au rythme actuel, sans action rapide, notre planète connaîtra une hausse de 1,5 °C de la moyenne des températures entre 2030 et 2052. Actuellement, nous sommes déjà à 1 °C de plus. L'objectif est donc de limiter l'augmentation à 0,5 °C maximum d'ici à 2100. Et cette pandémie nous a montré que c'était possible, que tout dépend de nous !

Pour ne pas dépasser le 1,5 °C, il faudrait très rapidement émettre des « émissions négatives » de CO_2, notamment *via* l'extension de zones arborées. Or, nous sommes en train de faire exactement le contraire. Partout sur la planète, des quantités impressionnantes d'hectares de forêts disparaissent chaque jour. En 2019, 11,9 milliards d'hectares de forêts tropicales se sont volatilisés, dont plus d'un tiers dans les zones de forêts primaires. Cela équivaut à la surface d'un terrain de football toutes les six secondes. La cause : les incendies et l'activité humaine. En d'autres termes : le dérèglement climatique ET l'activité humaine. Au Brésil, pendant le confinement, la déforestation de l'Amazonie a été dramatique : + 30 % par rapport à la même période en 2019, en raison d'une réduction des patrouilles de la police environnementale. Sans protection, les peuples premiers d'Amazonie et la forêt ont subi des pertes massives. Pour l'industrie agroalimentaire, ce confinement a été une aubaine et Jair Bolsonaro a fermé les yeux. Les bûcherons et milices employés par ces grands groupes ont brûlé et déboisé presque 400 km^2 pour le seul mois de mars 2020 et ceci a été prouvé grâce aux images recueillies par le satellite de l'Institut national de recherche spatiale du Brésil (INPE). Tous cette biodiversité, ces milliers d'essences végétales rares, ces espèces animales endémiques et exceptionnelles, ces peuples premiers ont disparus pour les uns et perdus leurs maisons et leurs territoires pour les autres afin de transformer ce poumon de l'humanité et cet écosystème unique en plantations d'huiles de palme, de soja, de maïs, etc., et le plus souvent pour deux raisons majeures :

1 – Cultiver des céréales pour nourrir les animaux produits par les élevages intensifs.

2 – Fournir des bio-carburants pour l'industrie pétrolière qui prépare son avenir et sa sortie du pétrole.

De plus, il faut avoir conscience que les accords pris à la COP 21 ne sont qu'une étape et qu'il est important de ne pas s'arrêter là. Nous devrons, quand nous aurons atteint ces premiers objectifs – si nous les atteignons –, mettre en place d'autres plans d'actions plus exigeants.

Et à ce jour, qu'est ce qui a réellement changé depuis la COP 21 ?

Qu'est ce qui a réellement été mis en place par les différents signataires ?

Presque rien. Triste réalité.

Mais tout est encore possible.

Nous savons qu'à + 1,5 °C, le changement climatique affectera toute la planète et les pays les plus pauvres seront les premiers à en subir les conséquences, d'autant qu'aujourd'hui plus d'un quart de la population mondiale vit déjà dans des conditions catastrophiques liées au dérèglement.

Il faut également savoir que, même si on respectait l'accord de Paris, les petites îles situées au niveau de la mer telles que les Maldives pourraient être englouties et que les océans subissent déjà aujourd'hui des modifications irrémédiables liées à la fonte des glaces.

Le rapport du Giec affirme que le reste du monde subira des conditions et des événements climatiques extrêmes mettant en péril toutes les espèces vivantes incluant bien sûr l'humanité. Inondations, sécheresses, tempêtes très violentes et de plus en plus puissantes sont à prévoir.

L'immobilisme des politiques et des citoyens génère déjà des effets irréversibles pour la vie sur terre. Et à + 2 °C, les conséquences pour le monde vivant sont inimaginables.

Alors, que faire ?

Le Giec propose des pistes pour tenter de ne pas dépasser le + 1,5 °C :

1 – Réduire drastiquement la demande en énergie des bâtiments, de l'industrie et des transports. Le rapport insiste sur le fait que les émissions de gaz à effet de serre mondiales doivent impérativement être réduites de 45 % d'ici à 2030.

Pendant la pandémie début 2020, l'arrêt des industries en tous genres et des transports aéronautiques, routiers et marins a très rapidement eu une influence sur la qualité de l'air partout sur la planète, sur le trou dans la couche d'ozone et aussi sur la vie marine. Cette expérience témoigne et appuie l'évidence de la proposition des chercheurs du Giec et invite à opérer un véritable changement dans nos modes de production et de transports.

2 – Planter 500 milliards d'arbres le plus rapidement possible et arrêter immédiatement d'en abattre des milliers chaque jour.

Comment trouver des solutions pour arrêter la destruction des forêts d'Afrique, d'Asie, des Amériques et de Papouasie ? Comment faire entendre la voie de la sagesse et de la vie à des pays qui voient dans ces forêts des possibilités de s'enrichir, de créer du travail ? En leur proposant des alternatives, en leur démontrant que ces forêts représentent la vraie richesse qu'ils peuvent faire fructifier pour des décennies voire des siècles, s'ils en tirent parti de façon constructive. Ces forêts sont une pharmacopée. Les préserver et les entretenir pourraient donc être une source de revenus pour les populations indigènes qui en connaissent les secrets et pour le monde qui pourrait en bénéficier. Et ceci n'est qu'un seul exemple de ce qui pourrait être mis en place.

3 – L'électricité devra être produite à 85 % grâce aux énergies renouvelables d'ici 2050, et les anciens modes de production doivent disparaître.

Nous pouvons chacun à notre niveau avoir un impact. Choisissons des fournisseurs qui proposent une électricité « propre ». Et faisons attention à nos consommations d'énergie.

4 – Réduire drastiquement et urgemment la pollution de l'air pour limiter le réchauffement...

Là aussi, la parenthèse offerte lors de la pandémie nous a démontré que c'était possible. Le déplacement en véhicules « tout électrique » n'est pas LA solution, car les batteries au lithium sont à l'origine de destruction d'écosystèmes extraordinaires et de nouvelles formes de pollution. Mais l'humain est si inventif quand il met son intelligence au service du meilleur pour tous que nous avons déjà des chercheurs qui proposent des alternatives. Ils sont encouragés et peu importe si des millions ont été dépensés pour le développement de véhicules électriques ou hybrides. Quand une solution est mauvaise, on l'abandonne et on passe à autre chose.

Les scientifiques du Giec et bien d'autres s'accordent également sur le fait que la sixième grande extinction de masse a commencé et qu'elle est due, en très grande partie, à une espèce : les humains.

83 % des mammifères, des oiseaux, et 50 % des essences végétales ont déjà disparu en quarante ans.

« Ce rapport montre qu'un changement sociétal profond est nécessaire », insiste Pierre Cannet, de WWF. « Pourtant, la transition écologique en France et en Europe en est à ses balbutiements.

L'humanité est confrontée à une nouvelle guerre, cette fois contre elle-même. D'ici à 2040, nous aurons perdu la bataille si des mesures ne sont pas prises et intensifiées[1]. »

Or, en France, le gouvernent ne cesse de reporter l'interdiction de l'utilisation des pesticides et

1. Pierre Cannet, Responsable des programmes Climat, Énergie et Villes Durables WWF. (https://letype.fr/2018/10/09/marche-climat-13-octobre-plus/)

des engrais chimiques alors que l'on sait à quel point ils détruisent les écosystèmes et polluent les nappes phréatiques. Cette pandémie aurait pu être l'occasion d'agir. Au contraire, nos dirigeants ont autorisé la reprise des épandages au point de tuer toute vie dans les ruisseaux et rivières bordant certains lieux où cette technique est utilisée. Où est la cohérence ? Que sert-on en agissant ainsi ?

Le ministre de l'agriculture dit qu'abandonner le glyphosate est impossible actuellement faute de produit de substitution. L'idée serait donc de remplacer un produit qui tue la terre par un autre aux mêmes effets néfastes. Et on continue à polluer. Alors qu'il existe des techniques agricoles et des alliances de plantes qui se protègent naturellement. Au lieu d'encourager ce type de pratiques, le ministre s'exprime en utilisant les arguments du lobby de l'agrochimie…

Nous savons aujourd'hui qu'en cinquante ans nous avons détruit et exterminé plus qu'en plusieurs centaines de milliers d'années. Notre humanité centrée sur le court terme et dirigée par le dieu « argent » anéantit petit à petit la vie et, dans son illusion de toute puissance, imagine qu'elle trouvera des solutions. Oui, bien sûr ! Des solutions à court terme.

Si nous ne refondons pas totalement notre façon de fonctionner, il est certain que nos enfants, nos petits-enfants vivront un enfer au lieu de profiter du paradis.

Nous avons pris l'habitude d'anéantir ce qui nous dérange sans nous demander si cela a une fonction dans l'équilibre global. Nous tuons les insectes que nous considérons comme nuisibles ainsi que les rongeurs, les renards, les blaireaux, les loups, les ours, les insectes, les plantes… Mais en quoi sont-ils nuisibles ? À notre confort ? À notre prolifération ? À nos envahissements de leur territoire ? Chacun de ces animaux ou végétaux a une fonction essentielle dans l'écosystème. Les renards, par exemple, mangent les petits rongeurs souvent porteurs de la maladie de Lyme. Ces petits animaux contaminent les tiques dont ils sont porteurs, qui contaminent d'autres animaux et les humains. Or, le renard – mais aussi la fouine ou le blaireau – mange entre 3 000 et 10 000 petits rongeurs. Si ces prédateurs n'étaient

plus chassés et piégés, il y aurait moins de contaminations, moins de destructions des cultures et moins d'humains contaminés par cette terrible maladie incurable à ce jour.

Nous pratiquons la politique de l'autruche. Nous avons pourtant grand intérêt a accepté que le bouleversement qui s'annonce et nous menace vient d'un danger sournois et lié à nos modes de vie. Nous nous pensons supérieurs aux autres règnes, nous nous sommes séparés, coupés de la nature et de ses lois et c'est en cela que reposent les prémisses de notre anéantissement.

Pour Hubert Reeves, astrophysicien de renommée internationale et président de l'association Humanité et biodiversité, la fin du monde est déjà là. Pour lui aussi la principale menace pour la planète est l'espère humaine, car il sait que les dangers venus de l'Univers sont marginaux. Les sondes observatrices ne prévoient rien à court terme. Aucune météorite frappant la Terre n'est prévue. Aucune explosion d'étoiles pouvant la détruire non plus. Seule une comète pourrait nous impacter, mais ce n'est prévisible qu'à court terme – un an ou deux.

Alors, comment éviter le pire ? C'est assez simple en fait

Il s'agit de se responsabiliser, de s'entraider, de réapprendre à coopérer, de désapprendre la compétition, de se réunir, de retrouver le plaisir du véritable lien aux autres, à la nature et à nous-même. D'être moins « virtuel » et plus concret.

Nous avons oublié que tout ce qui est vivant sur notre belle planète est né d'elle et que ce que nous appelons « la nature » est une part d'un grand écosystème dont nous faisons partie. Nos anciens et surtout les peuples de culture animiste en sont si magnifiquement conscients.

Le réchauffement climatique, accentué par l'activité humaine, une pollution généralisée – terre, mer, atmosphère – et l'anéantissement de la biodiversité sont des facteurs de cette destruction massive programmée. Et une grande majorité d'humains vivaient (que certains – malgré cette expérience commune et mondiale : la pandémie – vivent encore) sans aucune connaissance de la gravité de la situation.

J'en faisais partie.

Il est temps – grand temps – de nous responsabiliser et de prendre notre destin et celui de la planète en main. Et je fais le vœu un peu fou que cette pandémie, douloureuse, dramatique mais instructive et que nous avons traversé tous ensemble quel que soit notre âge, notre niveau social, notre culture, ou l'importance de notre compte en banque, je fais le vœu donc qu'elle éveille en nous, en chacun de nous, une envie de faire évoluer le monde vers le meilleur et nous fasse porter sur lui un regard différent.

Je crains pourtant que, malgré les beaux discours, cela ne sera pas insufflé par nos gouvernants, nos politiques et les grandes entreprises. Ce changement de monde ne pourra naître que de nous, de chacun de nous. Arrêtons d'attendre de l'État qu'il nous protège, qu'il trouve les solutions, qu'il nous montre le chemin. Devenons des humains matures et responsables qui prennent leur destin en main. Arrêtons de nous sentir séparé des autres, car la réalité est que ce qui arrive à mon voisin, à mon frère, à ma collègue a toujours un impact – positif ou non – sur moi à un moment ou un autre. Apprenons à être solidaires tout le temps, pas uniquement lorsque nous affrontons une pandémie. Nos soignants demandent des moyens depuis des années et nous avons compris pourquoi grâce à cette expérience hors du commun. Alors, à partir de maintenant, soyons TOUS solidaires des soignants, des paysans, les intermittents, des routiers, des enseignants,

de tous ceux qui ont besoin d'être soutenus et encouragés pour que l'évolution vers le bien de tous se mette en place. Oui, des secteurs d'activité devront être « sacrifiés » et oui, il faudra les soutenir collectivement pour les aider à se former à un autre métier. Oui, nos modèles économiques néo-libéraux ne sont plus LA solution. Produire et consommer toujours plus nous détruit en détruisant la planète. Il est donc grand temps que nous, citoyens, nous fassions évoluer nos façons de vivre et de consommer.

Ce qui nous empêche d'agir est majoritairement la peur, l'ignorance et l'idée – fausse – d'être seul. La crainte dirige souvent nos choix ou nous tétanise. Des expériences sur le monde animal nous ont démontré que la peur inscrit en nous des croyances limitantes. Un exemple frappant de ce fonctionnement du cerveau est celui de l'éléphant domestiqué. Les éléphants d'Asie ou de cirque sont prélevés petits dans la jungle. Ces bébés animaux privés de leur mère, battus, torturés – on appelle cela « briser l'âme de l'éléphant » –, finissent par tellement craindre l'homme qu'il suffira de leur attacher une corde à une patte pour qu'ils ne s'enfuient pas et pour qu'ils obéissent au doigt et à l'œil.

Ces êtres puissants qui pourraient se libérer facilement ont inscrit en eux, par la peur, voire la terreur des coups, la croyance limitante de leur impuissance. Il en est de même pour nous, les humains. Nous sommes limités par les croyances familiales, sociétales, culturelles, par les groupes d'influence dans lesquels nous vivons et aussi par les expériences négatives, traumatisantes que nous avons vécues et qui ont confirmé des croyances limitantes transmises.

Apprendre à négocier avec la peur pour découvrir que tout est possible. Changer nos habitudes de vie n'est pas forcément « régresser » mais peut être « évoluer ». Découvrir que ce que nous considérons comme confortable peut s'organiser autrement et ne pas forcément nous priver. Comprendre que ce que nous avons longtemps appelé le progrès est souvent source de pollution en tous genres et que modifier notre fonctionnement, nos habitudes de vie n'est pas forcément compliqué, que cette mutation peut être à l'origine d'un plus grand respect de la vie sous toutes ses formes et, donc, de notre vie aussi. Accéder à une évidence qui est que tout cela est surtout une question de respect et d'amour pour nous-même.

Ces prises de conscience sont essentielles si nous souhaitons inverser la tendance actuelle. Car oui, le climat change, le plastique et les industries de toutes sortes tuent nos océans et nos rivières. La catastrophe de Fukushima n'est qu'un exemple parmi tant d'autres moins connus et moins médiatisés. Nos modes de consommation puisent dans les réserves de la Terre, qui ne sont pas inépuisables. Et ce modèle économique mène l'humanité et la vie sur terre à leur perte.

Les grands lobbies mondiaux nous poussent

à cette consommation puisque sans elle, ils disparaissent. Et pour que ce soit le plus rentable pour eux, ils nous invitent à croire divers mensonges. Notre ignorance participe à notre difficulté à faire évoluer le monde. Il est grand temps que nous nous informions mieux et plus. Que nous n'attendions pas qu'on nous livre des *news* en écoutant en boucle des chaînes de télévision mais que nous nous informions par nous-même.

Voici quelques exemples de désinformations, de manipulations.

1 – « Le lait est bon pour la santé. »

Nous savons aujourd'hui que ce n'est pas aussi simple, car le lactose perturbe la digestion de la moitié des adultes français.

Cet idiome trouve sa source dans l'histoire : après la Seconde Guerre mondiale et des années de misère, il fallait nourrir le plus et le plus vite possible des populations affamées et dénutries. Le lait a donc été – avec l'intensification de l'agriculture – une des solutions. Le problème est que, par la suite, la production de lait est devenue une industrie. Une industrie dont dépendent des centaines de milliers de personnes dans le monde. Les éleveurs, les usines de transformation, les fabricants de fromages, les transporteurs, les commerces de la grande distribution, etc.

Ce qui était une solution pour répondre à un problème ponctuel est devenu une habitude de vie. Une croyance aussi. Et il semble extrêmement difficile de faire la part des choses, les études affirmant tout et son contraire. Oui, nous pouvons y être intolérant, oui, les protéines du lait peuvent provoquer des allergies, mais nous pouvons également ajouter que si le lait favorise le diabète de type 1, il protège de celui de type 2[1]...

Il n'y a pas de consensus aujourd'hui. Est-ce parce que les lobbies sont puissants et qu'aucun scientifique n'ose les contrer ? Les sources d'information générique sont souvent, en France, des institutions gouvernementales... ou les producteurs laitiers eux-mêmes. *No comment.*

2 – « Il faut manger de la viande tous les jours. »

Cette croyance-là est aussi très profondément inscrite en nous et prend sa source dans des périodes de l'histoire où les gens ont manqué de tout. Mais aujourd'hui, la surconsommation de viande génère des problèmes colossaux et à de nombreux niveaux.

---

1. Pour en savoir plus, Rachel MULOT, « Les produits laitiers, "nos amis pour la vie" ? », *Sciences et Avenir*, 29/03/2015.

Pour en citer certains :

- Des problèmes de santé. La British Medical Association confirme que les végétariens ont un plus faible taux d'obésité, de maladies cardiovasculaires et d'hypertension. De plus, depuis les années 2010, de multiples études scientifiques ont été publiées concernant les effets néfastes de la viande sur la santé. Elle augmenterait les risques de maladies cardiovasculaires, de cancer, de diabète ou encore d'inflammation de l'intestin.
- Des résistances aux antibiotiques tant chez les animaux que chez les humains qui mangent ces viandes « produites » intensivement. Alors que la résistance aux antibiotiques sera sans aucun doute l'un des défis sanitaires que devra relever l'Humanité dans les décennies à venir, la revue *Science* vient de publier une nouvelle étude montrant que cette antibiorésistance est loin de ne concerner que les humains : en ingérant des protéines animales et des antibiotiques, les animaux d'élevage ont eux aussi développé une résistance à des bactéries potentiellement mortelles. Et la COVID19 – qui s'est répandue partout sur la planète et a souvent généré des surinfections qui ne peuvent être traitées que par antibiothérapie – nous a démontré à quel point il est important de veiller à ce que l'antibiorésistance ne se développe pas.

• Des problèmes liés aux élevages intensifs : consommation excessive des réserves d'eau, production de céréales, de soja, déboisement pour créer des terres arables, pollutions diverses liées à ces élevages. 75 % des terres agricoles dans le monde servent à élever du bétail, c'est-à-dire à nourrir des bêtes qui serviront, ensuite, à nous alimenter.

Notre mode de vie carnivore, réservé à une poignée de privilégiés, exerce une pression telle sur notre planète qu'il déstabilise les écosystèmes : Destruction de la biodiversité et déforestation, émissions de gaz à effet de serre et changements climatiques, pollution des cours d'eau. Ces choix d'alimentation soutiennent la mainmise des multinationales au détriment des petits agriculteurs, etc[1].

N'oublions pas que nous sommes des omnivores dont les caractéristiques sont plus proches, au final, d'un herbivore ou d'un fructivore que d'un carnivore. Et ceci à l'image de nos proches cousins les grands singes.

1. https://www.greenpeace.fr/elevage/

3 – « Les pesticides ne sont pas dangereux pour la santé et pour la terre. »

C'est ce que disent les lobbies de l'agrochimie et de l'agroalimentaire. « Les engrais chimiques non plus. » Ils reconnaissent leur dangerosité du bout des lèvres mais uniquement sur la quantité de produit utilisée. Les agriculteurs sont pourtant invités – suite aux multiples procès à l'encontre d'entreprises telles que Monsanto ou Bayer – à enfiler des combinaisons, des masques, des gants pour manipuler ces produits. Malgré ces précautions, les fabricants prétendent que l'ingestion de ces molécules liée aux résidus retrouvés dans l'alimentation – céréales, lait, viandes, eaux, etc. – n'est aucunement nocive. Elle est « dans les normes », nous disent-ils. Peut-être faudrait-il revoir les normes dans ce cas ? Car nous sommes face à une épidémie exponentielle de cancer. Et l'augmentation dramatique du nombre de malades correspond de façon étonnante à la multiplication de l'utilisation des pesticides et des engrais chimiques. Coïncidences ?

Face à la grogne d'un nombre de plus en plus important de citoyens en quête de vérité, les gouvernements nous répondent souvent qu'aucune étude crédible n'a prouvé, à ce jour, que les OGM, les pesticides, les engrais chimiques, les conservateurs et autres substances sont à l'origine de l'explosion des cas de cancer. Et les seules études concernant leur innocuité ont été commandées et souvent dirigées par les entreprises qui créent ces produits[1]. Peut-on donner foi à des études orchestrées par les fabricants de ces molécules ? Personnellement, j'en doute et j'ai tendance à faire confiance à nombre de cancérologues qui conseillent à leurs patients de manger bio – ou assimilé – le plus possible. Le professeur Belpomme pour ne citer que lui, cancérologue de renom, a dénoncé courageusement, à plusieurs reprises, les effets des pesticides. Les statistiques démontrent, par ailleurs, que les populations des Antilles françaises – très exposées aux organochlorés – subissent un taux de cancer beaucoup plus important que d'autres régions de France.

1. Ou consulter le site de l'Organisation mondiale de la santé (https://www.who.int/fr/news-room/fact-sheets/detail/pesticide-residues-in-food) et celui de l'Inserm (https://www.inserm.fr/information-en-sante/expertises-collectives/pesticides-effets-sur-sante).

Outre les maladies potentielles liées à la présence de pesticides et diverses substances dans nos fruits et légumes, nos sols sont rendus quasi imperméables par l'utilisation d'engrais azotés ou phosphatés, d'hydrocarbures et de produits phytosanitaires. Le résultat est que, lorsqu'il pleut, l'eau ruisselle et n'arrive plus à traverser le sol, ni à rejoindre les nappes phréatiques. Et quand elle y parvient, cette eau est tellement chargée en substances nocives qu'elle n'est plus propre à la consommation sans être d'abord traitée et bien sûr tout cela a des conséquences en chaîne, notamment sur notre santé. Heureusement, aujourd'hui des maires se dressent contre ces abus et particulièrement contre l'usage des pesticides… Récemment, en Belgique, 40 enfants ont souffert de maux de tête, de vomissements, de problèmes respiratoires alors qu'ils étaient en récréation et que, dans le champ jouxtant l'école, des pesticides étaient pulvérisés.

Il est donc essentiel de soutenir les maires courageux, les lanceurs d'alertes et les personnes engagées car, face aux pratiques de production intensive dans divers domaines – élevage, agriculture, industrie textile et tant d'autres secteurs où le profit des uns s'exerce au détriment de la planète et des êtres vivants qui la peuplent –, nous n'avons plus le choix. Nous ne pouvons plus rester figés à attendre. Nous sommes légion

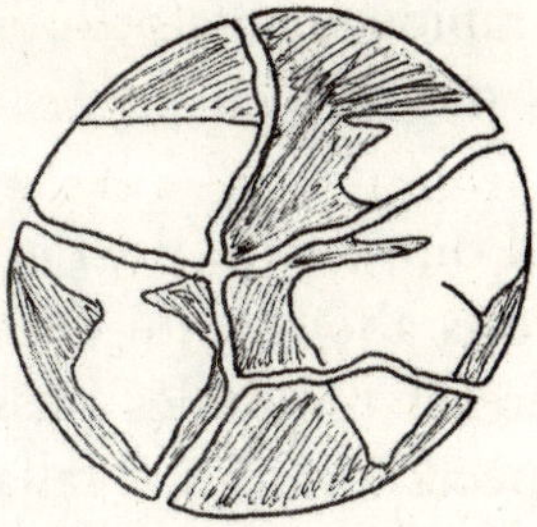

à être conscients que le monde que nous avons construit ne fonctionne plus dans sa forme actuelle. Il scinde, divise, produit la peur et l'enfermement sur soi. Nous sommes légion à revendiquer l'éclosion d'un autre monde. Cette pandémie mondiale a permis à des centaines de milliers de personnes de prendre conscience qu'ils ne voulaient plus du monde d'avant 2020.

Ce monde où d'un côté, les plus pauvres sont de plus en plus nombreux ; de l'autre, l'élite de l'argent est de plus en plus puissante, alors qu'elle représente 1% de la population mondiale.

Ce monde où d'un côté, il y a ceux qui consomment et entretiennent un système dans lequel certains rêvent de pouvoir consommer, car la consommation est devenue un but, une preuve de réussite sociale ; de l'autre, ceux qui produisent et qui ont intérêt à ce que rien ne change et à ce que l'on achète toujours plus.

La pandémie et le confinement auront démontré que : « Notre économie s'effondre dès qu'elle cesse de vendre des trucs inutiles à des gens surendettés, qu'il est parfaitement possible de réduire fortement et rapidement la pollution et aussi que les personnes les moins bien payées sont les plus essentielles[1]. »

Pour sortir de l'impasse dans laquelle nous avons abouti, qui détruit chaque jour notre planète et réduit les possibilités de survie pour les espèces vivantes, il fallait déjà en avoir conscience.

Ça, c'est fait !

Mais nombreux sont encore ceux qui n'ont pas intégré ce qui se joue au niveau climatique.

Aussi ai-je eu envie de partager le chemin que j'ai emprunté pour faire évoluer mon quotidien et tenter d'avoir un impact plus positif sur la planète. Un chemin de retrouvailles avec la liberté de choix et d'être.

En partageant mon cheminement ou celui de personnes que j'ai rencontrées, j'ai l'espoir de toucher encore plus de monde mais, surtout, j'espère prouver que le clivage dans lequel notre société est enlisée n'est pas une fatalité.

Il y a des solutions, tout est encore possible.

Mais le temps presse.

1. Jacques Littauer dans *Charlie Hebdo* du 26 juin 2020.

Mon intérêt *versus* l'intérêt collectif… Impossible de concilier les deux ?

Deux courants de pensée s'opposent et se targuent – l'un comme l'autre – de vouloir le meilleur pour tous.

Il y a ceux qui sont pour la consommation et l'aisance pour le plus grand nombre, peu importe les moyens à mettre en œuvre. Seuls comptent les résultats : Les bénéfices directs et indirects. C'est la tendance néo-libérale très prisée jusqu'ici.

Puis, il y a ceux qui prônent le fait de ne poser aucun acte qui pourrait nuire à l'intérêt collectif… et peu importe les conséquences.

Il existe un troisième groupe, partagé entre ces deux perceptions du monde. Le groupe de ceux qui aimeraient à la fois que le monde aille mieux mais qui ont du mal à prendre des décisions pour générer des changements dans leur vie, car même s'ils sont conscients qu'il est grand temps d'agir, ils n'ont pas envie ou la force de bousculer leur confort de vie. Ils sont proches du premier groupe dans leurs fonctionnements quotidien mais pourrait basculer vers un mode de vie plus solidaire.

Serait-ce cela le juste milieu ? Et peut-être n'y a-t-il pas de juste milieu à trouver ? Car, finalement, cette perception du monde réduite à deux camps est à l'image de nos tergiversations intérieures. Même si nous ne faisons pas partie des 1 % les plus riches, nous sommes nous aussi le 1 % de quelqu'un. Nous portons en nous celui qui exploite et celui qui est exploité. Seul le chemin de l'acceptation de cette réalité permettra de choisir d'incarner ce qu'il y a de plus lumineux en nous et autour de nous. Seule cette humilité nous portera à éclairer avec amour et détermination nos zones d'ombres pour tenter de faire évoluer notre monde et donc le monde.

Et au quotidien, ça peut donner ceci.

Quand je fais l'un des deux seuls voyages annuels en avion que je m'autorise et que j'atterris dans les Antilles, pour éviter de tomber malade en étant infectée par une piqûre de moustique-tigre, j'utilise tous les moyens à ma portée. Moyens qui empêcheront aussi que je sois un vecteur supplémentaire de transmission. Je fais des choix que je considère comme étant cohérents.

Afin que ce qui est « juste » pour moi se mette en place, je pourrais utiliser des répulsifs chimiques et mettre des vêtements clairs. Le soir, je me couvrirais le plus possible. Je veillerais aussi à ce qu'il n'y ait pas de possibilités de nidification pour le moustique-tigre dans mon environnement proche, j'enlèverais donc tous les récipients contenant de l'eau. Je viderais tous les espaces d'eaux stagnantes telles que les flaques et les corniches. Je ferais peut-être même appel à une entreprise spécialisée dans l'éradication de ce petit insecte.

Ces décisions prises pour ma tranquillité et mon confort le seraient avec la conviction d'être la plus respectueuse possible de la nature. Ces différents choix exprimeraient ce que je pourrais considérer comme participant à mon bien-être.

Et pourtant, chacun de ces actes a des répercussions qui n'impliqueront pas que moi et qui auront des conséquences sur les autres, sur le monde qui m'entoure, sur ma santé, celle d'autres individus et espèces vivantes.

Utiliser des répulsifs chimiques peut être très nocif pour mon organisme. Peut-être tout aussi néfaste – voire plus – que les maladies que j'essaie d'éviter.

Me couvrir beaucoup peut ne pas être toujours très confortable et peut même être inutile, car le moustique-tigre a la capacité de piquer à travers un jeans.

Si je veille à ce qu'il n'y ait pas de possibilité de reproduction du moustique en évitant de laisser de l'eau stagnante dans des récipients dans la maison et aux alentours, et si je fais venir une entreprise spécialisée dans son éradication, j'agis sur la biodiversité et j'empêche le mouvement naturel d'un écosystème. En effet, s'il n'y a plus de points d'eau, les autres insectes mais également des êtres vivants tels que les oiseaux, les cabris, les tortues, les iguanes ne peuvent plus s'abreuver ni survivre. Et si l'entreprise spécialisée vient asperger mon jardin d'insecticides, j'imprègne la terre et les plantes de ces produits de destruction et j'empêche les magnifiques oiseaux-mouches, les abeilles, les papillons et divers butineurs de trouver une nourriture saine. De plus, faute de nourriture et « grâce » aux pesticides, ces animaux vulnérables et de plus en plus rares disparaissent.

Et tout cela a comme point de départ mon souci de ne pas être contaminée par un virus transmis par un moustique.

Alors que faire ?

Ne plus voyager ? C'est une possibilité. Celle qui est la plus radicale. Je ne prends pas de risques pour ma santé et je ne pollue pas.

Mais une telle décision peut être délicate, voire donner l'impression que l'on se sacrifie, que l'on se prive. Peut-être est-il possible de trouver un compromis ?

Explorons cette voie ensemble.

Pour me protéger des piqûres de moustiques, j'ai le choix entre les produits vendus en pharmacie – que des études scientifiques considèrent comme seuls à être efficaces – et des préparations naturelles à base d'huiles essentielles qui seront peut-être moins agissantes mais qui seront moins nocives pour ma santé et la nature. En me renseignant, je peux découvrir que faire une cure de vitamine B un mois avant mon départ et la poursuivre pendant mon séjour peut m'aider grandement, car les moustiques détestent la vitamine B1. Je peux aussi louer un appareil produisant des phéromones de moustiques et l'installer sur mon lieu de vacances. Ainsi, le petit insecte aura d'autres envies que celle de me piquer.

En un mot, des solutions conciliant mon intérêt et l'intérêt commun existent, mais elles demandent effort, curiosité et créativité. En effet, je dois réfléchir et me documenter pour trouver et mettre en place des alternatives qui ne sont pas nocives sur le moyen, voire le long terme.

Et tout dans notre monde est à l'image de cet exemple.

Il ne s'agit pas de juger et de commenter le choix ou le non-choix possible. Il s'agit simplement de comprendre à quel point chaque décision a un impact bien plus grand que le cadre dans lequel elle est prise. Et ces actes du quotidien effectués par des milliards de personnes ont des conséquences en chaîne.

Ce mode de comportement est représentatif de *tous* nos fonctionnements. Dans une société comme la nôtre – qui a souvent oublié la vertu de la patience et qui a pris l'habitude d'obtenir rapidement des résultats avec si possible un risque égal à zéro –, cela peut sembler impossible – ou peu simple – d'envisager de changer.

Et pourtant, si, cela peut être simple.

C'est la bonne nouvelle !

Il suffit de faire le choix de protéger le vivant.

Si chacun de nous prend conscience du pouvoir qu'il a de faire évoluer le monde vers le respect de la vie, alors, rapidement et de façon évidente, nous prendrons des décisions et aurons des idées qui changeront nos façons d'être et de faire.

Nous pouvons inverser le drame que nous élaborons au quotidien en étant ignorants ou volontairement aveugles des conséquences de nos décisions.

Et si nous faisons confiance aux pronostics établis par le rapport du Giec, il nous reste dix à douze ans maximum pour que le plus d'humains possible – voire tous – fassent ce choix.

Comment ?

Tout commence par nous-même, par une véritable présence à nous-même.

Pourquoi tout commence par moi ?

Simplement parce que si je suis présente à moi, je vais agir en conscience et, en agissant en conscience, je transforme ma vie et la vie.

Car je prends le temps de me regarder vivre, d'observer les êtres qui m'entourent, que j'aime, que je côtoie.

Cette simple observation sans jugement peut faire des miracles. Si je suis vraiment « avec » moi, présente à moi-même, je vais ressentir, découvrir que telle pensée a entraîné telle décision et que ce mécanisme n'a peut-être pas de sens, qu'il est peut être un conditionnement ou lié à une croyance.

Si je prends ce temps de vraie présence et d'ouverture du cœur, je vais observer tout ce que je fais qui m'empêche « d'être ». Et, surtout, je vais découvrir ce que je mets en place par mimétisme, par habitude, par obligation, par devoir, par peur, par négligence ou par manque de courage… et que je pourrais ne pas faire.

Et comment parvenir à cet état d'être ?

Pour moi, la véritable présence à soi parle d'alignement. Cet alignement qui est le parfait opposé de la dualité et qui nous invite à accueillir le « ET » pour remplacer le « OU » si présent dans nos vies.

Dualité : Ce que je vis est lié à ça OU ça. La temporalité est horizontale et donc reliée à la notion de *chronos*. Passé, présent, futur.

Unité/Alignement : Ce que je vis est lié à ça ET ça ET ça. La temporalité est verticale et reliée à la notion d'instantanéité. Ce qui est !

Être aligné, c'est avoir découvert le lien profond que chacun de nous a avec son essence, sa conscience profonde, LA conscience en somme. Mais comme notre mental nous envoie à tout instant des informations qui génèrent souvent des émotions négatives, il est parfois difficile de se frayer un chemin jusqu'à cet espace apaisé habité par notre essence. Personnellement, j'ai appris à me laisser traverser par les émotions, à ne pas résister. Si elles sont constructives, c'est un cadeau immense à vivre et si elles sont plus difficiles, voire douloureuses, se laisser les vivre permet de ne pas entrer dans une contraction interne et contrôlante qui bloque le mouvement de la vie en nous et inscrit dans nos cellules des peurs, des croyances limitantes et destructrices. J'ai appris à observer le mouvement interne de mes cellules, à me poser des questions et à y répondre en écoutant le flux des vagues intérieures. Dans le silence intérieur, le corps parle. Comment accéder à ce silence, à cet espace sécurisé ? Par la méditation, la respiration, la cohérence cardiaque, la contemplation.

Le silence intérieur qui va de pair avec l'alignement nous est fréquemment offert mais nous n'y portons pas d'intérêt, habitué que nous sommes à nous laisser envahir par nos pensées. Je dis souvent que l'art ouvre le cœur et élève l'âme. Il nous extirpe de notre brouhaha intérieur. Un film, un tableau, un concert, un paysage, une photographie, une chorégraphie, une pièce de théâtre, un livre, nous emportent quelques instants ou quelques heures. En fait, ils n'élèvent pas réellement notre âme. Ils nous reconnectent à sa beauté, celle de notre être, du vivant et nous sortent de la fange dans laquelle notre mental criblé de peurs, de croyances et de doutes nous embourbe et nous étouffe. Quand nous nous autorisons à nous relier au vivant, à l'unité de la vie, à sa puissance, nous sommes relié à « soi », à notre essence profonde qui sait où se situe le juste et qui peut nous guider dans nos choix à chaque instant. Nos vies hyperactives nous empêchent d'être dans ce lieu d'apaisement et dans ce lien. Et pourtant, si nous nous donnons la possibilité de cet alignement, nous pouvons ressentir à quel point tout est connecté et relié. Dès lors nos choix, nos actes sont posés en étant conscients des interactions qu'ils peuvent générer. C'est à partir de là que nous pouvons retrouver notre reliance au monde, à l'ensemble et que, comme j'aime le dire, nous découvrons que chacun de nous est une cellule d'un grand corps qui est l'humanité, lui-même étant une partie d'un ensemble encore plus grandiose qui est le vivant, la planète, elle-même étant une partie d'un ensemble encore plus immense qu'est la galaxie, qui est elle aussi une part de l'univers connu. Quand on accepte cette réalité, alors avec humilité et une joie immense, nous comprenons que TOUS nos actes, tous nos choix, toutes nos pensées sont importants et infimes à la fois et qu'ils ont des conséquences en chaîne. Je cite souvent l'exemple du cancer, cette maladie qui parle symboliquement de l'individualisme et de la non-conscience de notre reliance à l'ensemble. La cellule cancéreuse vit comme si elle était seule. Elle ne vit plus sa vie de cellule solidaire des autres dans un processus où la fonction de chaque cellule est reconnue et fait partie d'un tout et d'un processus de mort-renaissance. On pourrait dire qu'elle refuse de mourir, qu'elle ne se vit plus comme étant au service de la vie. Son individualisme a pour conséquence de générer la mort de l'ensemble. N'est-ce pas à l'image de ce qui se produit sur notre planète ? Nous avons saccagé la nature, détruit les habitats de certains peuples et êtres vivants. Nous l'avons fait pour notre survie et notre confort. Et aujourd'hui, la vie sur la planète est de plus en plus rude et violente. Un mouvement de mise à mort du tout est en place. Pris à temps, nous pouvons encore l'arrêter, comme pour le cancer.

Quand nous serons de plus en plus nombreux à intégrer que nous sommes réellement un TOUT, nous ne pourrons plus agir sans respect et sans cohérence, car nous saurons que ce que nous faisons ou pas à l'autre – humain, animal, végétal, minéral –, nous nous l'imposons à nous-mêmes. Pourquoi ? Parce que nous ne sommes pas que matière. Nous sommes même infiniment peu de « matière ». Nous sommes un ensemble de particules et constitués à 99,9 % de vide. La physique quantique nous donne accès à la connaissance de l'infiniment petit et l'astrophysique nous révèle l'infiniment grand. Les avancées scientifiques nous démontrent chaque jour un peu plus que notre perception de nous-mêmes, de la matière et de l'univers est incomplète. Alors que si nous intégrons la réalité de notre multidimensionalité, nous pouvons accepter que tout interagit et que les pensées, les sons, les émotions, les choix que nous faisons ont une incidence sur les autres, le monde, la matière et la non matière. Si la lune a une résonance sur les éléments humains et non humains de notre planète, il est évident que notre énergie personnelle a aussi un rayonnement et un impact sur le monde qui nous entoure et ainsi de suite à l'infini. Le problème est qu'en tant qu'humain, nous nous identifions à la matière qui nous constitue, car nos cinq sens « reconnus » sont physiques et nos autres sens ou capacités ne sont pas mis en valeur. De ce fait, de façon inconsciente et depuis trop longtemps, nous nous réduisons à la matière qui nous constitue.

Donc, plus nous nous alignons, plus nous choisissons « d'émettre » des vibrations constructives et cohérentes pour l'ensemble du vivant et plus nous commençons par nous-mêmes, plus nos choix de vie, nos actes, nos pensées seront en lien avec ces vibrations. Telles des impulsions électriques qui peuvent porter le courant ou produire un court-circuit. En agissant ainsi nous nous unissons à une énergie globale constituée par ces milliards d'êtres qui peuple la planète. Et cette vibration du VIVANT peut avoir un impact énorme sur ce qui se produit sur terre.

Prenons un exemple du quotidien : les courses au supermarché.

Nous sommes nombreux à y aller. Enfin nombreux sont ceux qui y vont, cela fait des années que j'ai choisi de ne plus participer à ce que nous proposent les groupes de la grande distribution.

Mais revenons à notre situation.

Imaginons que nous allions y faire les courses pour la semaine, puisque c'est pratique. Nous trouvons tout au même endroit. Les prix sont corrects. Quand nous avons peu de moyens financiers, c'est important de se procurer des produits et denrées abordables. Nous gagnons du temps, etc.

Ce raisonnement et cette habitude de vie sont cohérents dans un système de pensée.

Pourtant, si nous sommes vraiment présents à nous-mêmes, nous n'allons y acheter que ce qui nous est nécessaire. Mais le risque est grand que nous nous laissions tenter par telles ou telles promotions, persuadés de faire une super affaire alors que nous n'en avons pas la nécessité voire l'utilité. Ce n'est donc plus une super affaire. C'est une dépense supplémentaire et imprévue qui nous éloigne de nos réels besoins.

Être présent à soi empêche ce genre de dérive.

Et si je vais plus loin ?

Plus loin que « ce qui me convient et ce dont j'ai besoin » et le côté pratique de tout trouver au même endroit ?

Si je me pose la question : « Comment toutes ces marchandises sont arrivées ici et à ce prix ? »

Alors, ma présence au monde qui m'entoure prend sa place différemment et je découvre que, pour que ces denrées soient là, il a fallu les produire, les choisir, les acheminer. Je prends conscience aussi que pour payer peu cher ce que je souhaite acquérir, soit j'achète des produits de mauvaise qualité, soit je pénalise les producteurs qui essaient de fournir de la qualité mais qui doivent brader leur travail pour intéresser les grands groupes. Pire, mes achats peuvent créer une demande qui fait venir du bout du monde des produits pas cher mais qui auront une empreinte carbone énorme.

Je participe ainsi à un système qui ne respecte ni les individus, ni la nature, ni mon bien-être, ni ma santé.

C'est ici que mon pouvoir de *consom'acteur* prend place. Je peux choisir d'ignorer les conséquences de mes achats ou d'être consciente et impliquée.

Car c'est me mentir à moi-même que d'imaginer que ce que j'achète pas cher dans ce contexte précis n'a pas de conséquences sur le reste du monde.

Je participe à un système irrespectueux du travail bien fait et de la juste rétribution de ce labeur.

Je participe à l'enrichissement des plus puissants et des actionnaires au détriment de ceux qui produisent.

Je participe au développement des gaz à effet de serre.

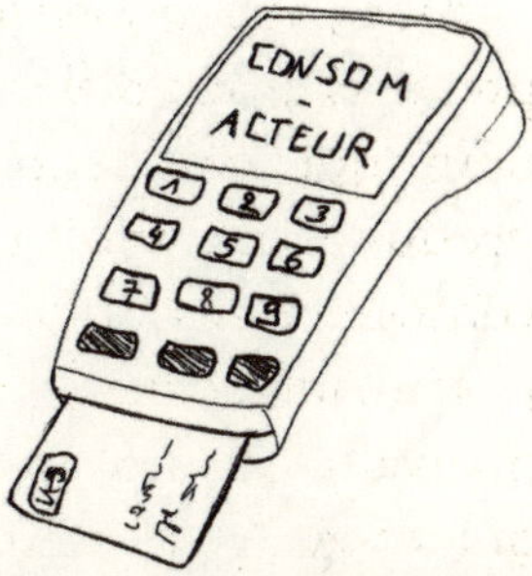

Sans ma participation – notre participation –, tout cela est impossible.

Et je peux encore pousser ma réflexion.

Pour me satisfaire, c'est-à-dire offrir les prix les plus intéressants tout en gagnant de l'argent, les grandes chaînes de l'alimentation ou de fabrication de vêtements ou de meubles – bref, de tout ce qui se consomme – achètent à très bas prix et imposent leurs tarifs aux producteurs. Ceux-ci, pour produire plus et à moindres frais, vont diminuer la qualité de leur production. Donc, quoi qu'il en soit, entretenir ce type de commerce ne me rend pas service et ne rend pas service au monde.

Une fraise produite par un petit producteur bio ou assimilé n'aura jamais le même goût que celle produite en Espagne, sous serre et à grand renfort de pesticides, d'engrais chimiques et d'eau – si précieuse et utilisée à outrance dans ce contexte.

La première se vendra plus cher que la seconde. Mais la première ne met personne en danger.

Elle m'oblige simplement à la savourer, car j'en achèterai moins souvent et en plus petite quantité puisqu'elle est plus onéreuse.

La seconde met en danger les personnes qui la produisent, ils sont sous-payés, leur santé est chaque jour confrontée aux produits nocifs et moi, j'en dévorerai peut-être deux fois plus, mais ma santé sera amputée d'un potentiel vital puisque je mangerai aussi les pesticides dont les fruits sont imbibés.

Si je m'achète un vêtement à bas prix, en raison de faibles moyens financiers, je me fais plaisir et j'en suis heureuse. Mais ce vêtement de mauvaise qualité se détruira facilement, déteindra et sera peut-être même un risque pour ma santé, car composé de matériaux, de colorants nocifs, etc. De plus, pour être vendu à ce prix-là, il aura été produit à l'autre bout du monde par des humains travaillant comme des esclaves et pour une rémunération misérable. En achetant ce vêtement, je participe donc à ce système, alors que si j'attends d'avoir les moyens de m'acheter un vêtement de meilleure qualité, produit pas trop loin de chez moi ou avec des garanties stipulant que les fabricants respectent les salariés qu'ils font travailler, je permets l'amélioration de la qualité de vie d'autres individus et je m'offre un produit à garder longtemps dont l'impact sera positif sur moi et sur le monde. Je peux aussi choisir l'achat de seconde main qui se développe beaucoup, qui est moins onéreux et, surtout, qui me permet de ne pas participer à la surproduction et à la surconsommation.

Chacun de nos choix a un impact sur l'ensemble des individus de cette planète et sur les écosystèmes.

*

Nous sommes devenus des consommateurs Kleenex.

Nous achetons et nous jetons.

Nous achetons et nous nous lassons.

Nous achetons encore et nous nous endettons.

Acheter est devenu un loisir. Une forme de reconnaissance sociale et affective. Alors qu'acheter pourrait être un acte répondant à une nécessité ou un besoin.

Il y a quelques décennies, nos envies étaient des rêves et quand nous leur donnions forme, une joie immense nous envahissait. Aujourd'hui, nous consommons comme nous respirons. Nous jetons

pour pouvoir acheter à nouveau. Nous compensons le manque d'intensité de nos vies par la consommation systématique qui nous donne l'impression, l'illusion, d'être plus vivants. Et nous participons ainsi à un fonctionnement de société qui ne respecte ni les individus, ni les ressources naturelles, ni la vie.

Vous voulez du concret ?

Avant les années 1980, manger du saumon fumé était un moment à savourer, car il coûtait cher, très cher parfois. C'était une délicatesse. Il était sauvage et fumé naturellement. De nos jours, d'immenses élevages existent. Ces poissons n'ont plus rien à voir avec leurs cousins sauvages du passé. Ils sont génétiquement modifiés, traités aux pesticides contre les parasites et aux antibiotiques contre les bactéries. Enfin, ils sont souvent fumés artificiellement et dans le meilleur des cas, ils sont « bios » mais loin d'avoir les qualités nutritionnelles de leurs homologues sauvages d'antant.

Quant aux saumons dits « sauvages » d'aujourd'hui, ils sont de plus en plus rares pour cause de surpêche ou de destruction de leurs possibilités de reproduction. Les barrages sur les fleuves notamment empêchent les saumons sauvages de remonter les rivières pour se reproduire…

Et comme tout est relié, les orques du Canada meurent de faim, dans la mesure où leur nourriture est principalement constituée de saumons.

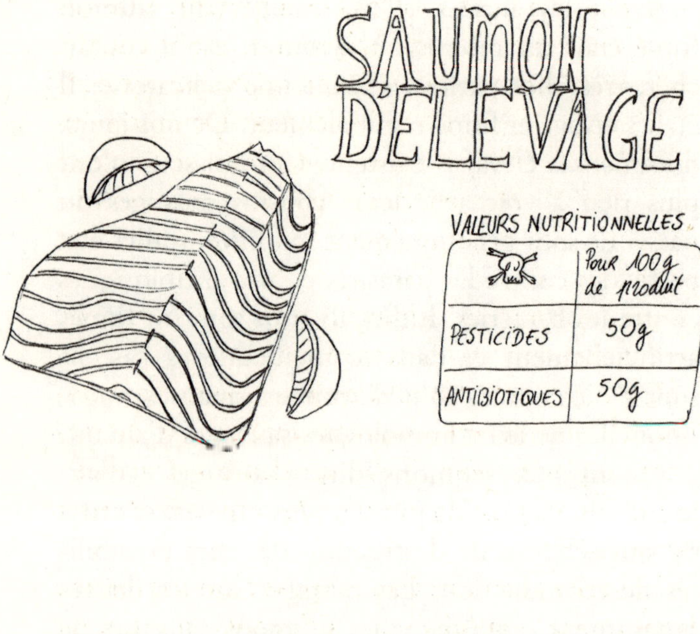
SAUMON D'ÉLEVAGE
VALEURS NUTRITIONNELLES
Pour 100g de produit
PESTICIDES 50g
ANTIBIOTIQUES 50g

De plus, ces derniers sont moins bons pour la santé que leurs ancêtres, puisque leur milieu naturel – l'océan et les rivières – est de plus en plus pollué.

Mon désir de tout avoir à moindre coût a des conséquences en chaîne. Alors, bien sûr, ces élevages intensifs de saumons enrichissent ceux qui produisent, donnent du travail à d'autres, font plaisir à ceux qui les consomment, mais ils saccagent la planète, les écosystèmes et notre santé.

Je le constate : ma responsabilité est partout.

C'est ma façon de vivre, d'être au monde qui est à faire évoluer. Devenir consciente de l'impact de TOUS mes actes et de leur ampleur est une des solutions pour accéder à un monde meilleur pour tous.

Mais attention, changer diffère du fait de manifester son mécontentement.

Changer, c'est d'abord et avant tout être honnête avec moi et être conscient que chacun de mes choix ou non-choix a *toujours* des conséquences.

On ne change pas le monde sans commencer par soi.

L'un des problèmes qui se pose alors est qu'une importante majorité de dirigeants politiques, quelle que soit leur conviction, n'a pas pour motivation l'épanouissement et le bien-être de tout un chacun. Et ceux qui surfent sur les blessures des peuples pour leur faire croire qu'ils ont la solution le font souvent par intérêt personnel. On a pu l'observer au cours du siècle dernier : de plus en plus de peuples votent pour les extrêmes guidés par le désespoir…

Et face à toutes ces incohérences politiques, les manifestations de jeunes et moins jeunes, partout dans le monde, pour que les dirigeants prennent des décisions fortes et agissent afin d'éviter le drame écologique et climatique qu'on nous prédit, sont de plus en plus fréquentes et régulières.

Les représentants des peuples « premiers » d'Amazonie quittent leurs territoires, parcourent la planète et en appellent à notre bon sens.

Les jeunes et les peuples premiers ainsi qu'un nombre de plus en plus important de citoyens, toutes générations confondues partout sur la planète ont des revendications qui vont dans le même sens. Ils ne peuvent plus accepter d'être des pions sur un grand échiquier qui ne tient compte ni d'eux ni de la nature. Et en même temps, que sont-ils prêts à sacrifier pour accéder à plus de cohérence ?

Les peuples premiers, eux, n'ont rien à sacrifier, ils vivent en adéquation avec le vivant depuis toujours, mais les peuples dits « civilisés », nous, que sommes-nous prêts à abandonner pour protéger la vie ?

Aucun modèle politique n'a permis aux individus d'être pleinement « heureux ». Peut-être l'humain n'est-il pas encore assez mature pour être réellement responsable de lui-même et solidaire des autres et des écosystèmes ?

Pourtant, cette mutation est indispensable et urgente si l'humanité ne veut pas s'autodétruire.

Que suis-je prête à mettre en place ? Et chacun de nous ?

Je le répète, tout, absolument tout changement commence par soi-même.

En comprenant que ma surconsommation est le plus souvent une façon de remplir mon vide intérieur, quand je choisirai de regarder ces espaces béants, de me remplir autrement – surtout d'une vraie présence et écoute bienveillante à moi-même –, quand je serai devenue mon meilleur compagnon de route et mon meilleur ami, alors, je n'aurai plus besoin de surconsommer et mes fonctionnements muteront d'eux-mêmes.

*

Notre monde semble divisé en deux camps.

D'une part, les individus qui subissent et tentent de survivre à ce qu'impose une société qui a perdu ses valeurs profondes et dont le dieu « argent » dirige les vies.

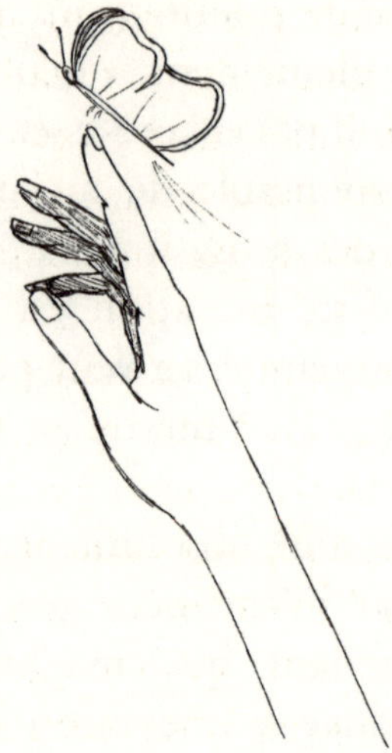

De l'autre, ceux qui « font » de l'argent – beaucoup d'argent – et qui en font toujours plus, puisque c'est ainsi qu'ils existent, qu'ils se reconnaissent, qu'ils sont reconnus et qu'ils se sentent protégés.

Or, ce que doivent savoir ceux qui se débattent pour survivre, c'est que sans eux, le monde qui existe par et pour l'argent disparaît, tout simplement.

Sans consommateurs, pas de ventes.

Sans consommateurs, pas de bénéfices.

Sans petites mains pour produire, pas de produits à vendre.

Sans argent, pas de banques.

Sans consommateurs de produits imbibés de produits chimiques, pas d'agroalimentaire intensif et pas d'agrochimie destructrice.

Sans malades par manque de nourriture saine et de conditions de vie élémentaires, pas de Big Pharma.

Nous sommes tous créateurs de cette dualité.

On essaie de nous faire peur. On nous dit que changer nos façons de vivre et de consommer est dangereux pour l'équilibre de nos sociétés. Mais quel équilibre ? Pour quel monde ? Pas pour le vôtre, pas pour celui dont nous rêvons. Peut-être est-ce perçu comme « dangereux » par ceux qui produisent. Ils n'ont pas envie de changer leur statut vécu comme rassurant et privilégié au détriment du plus grand nombre.

L'humanité est à un tournant de son évolution.

Un tournant majeur, essentiel. Nous ne pouvons plus vivre en ignorant nos voisins et les conséquences de nos choix sur les autres.

Le pouvoir de changer de vie et de retrouver des valeurs plus « humaines » est ainsi entre nos mains.

Et il y a de plus en plus d'individus partout dans le monde qui font ces choix, qui se responsabilisent, qui s'entraident, qui trouvent des solutions et créent donc une troisième voie.

Ils ne sont ni riches ni pauvres, et parfois ils le sont.

Ils sont de ceux qui ont produit beaucoup et se sont enrichis mais ont compris que ce système ne fonctionne plus et ils mettent leur fortune au service du monde. Ils réapprennent à vivre avec plus de discernement et plus librement.

Ils sont ceux qui n'ont rien ou presque mais refusent de baisser les bras, ils se renseignent, se regroupent et inventent des solutions communes qui les rendent moins dépendants et plus libres.

Une jeune femme que j'ai rencontrée n'en pouvait plus de manger « de la merde » simplement parce qu'elle n'avait pas les moyens de se nourrir bien. Elle n'en pouvait plus de s'abrutir devant la télévision pour se distraire, échapper à la tristesse de sa vie, à sa routine sans espoir. Elle a proposé à quelques amis de solliciter la mairie afin de disposer d'un terrain vague appartenant à la municipalité. Ils en ont fait un potager. Ils ont travaillé

dur. Aujourd'hui, elle passe une partie de ses soirées et de ses week-ends à le cultiver. Ses amis et elle se relayent. Été comme hiver, ils travaillent « leur » terre dit-elle et produisent leurs légumes. Ils ont ensuite, après en avoir obtenu l'accord, construit un poulailler. Maintenant, ils ont aussi des œufs frais. La municipalité leur a demandé si l'école du village pouvait venir visiter et les enfants de l'école ont ainsi participé à des journées pédagogiques autour de ce projet. Cette jeune femme n'avait pas d'argent mais elle a créé avec ses amis une forme d'abondance qui la rend libre. Elle se nourrit de ses plantations et ne dépense presque plus d'argent en grande surface, elle achète ce qui lui manque auprès de petits éleveurs et producteurs. De plus, la télévision n'est plus son refuge, sa seule distraction. Elle dit qu'elle se sent plus vivante, plus heureuse, et que tout lui semble possible. Elle dit que la télévision et Internet ne sont plus des abîmes qui l'aspirent mais des outils pour apprendre et découvrir.

Il y a ces citoyens de plus en plus nombreux de par le monde qui s'engagent et construisent une société plus solidaire et plus respectueuse du vivant et il y a aussi des figures politiques, tel que Nicolas Hulot qui a abandonné son poste de ministre de l'Écologie en partie parce qu'il avait pris conscience de l'importance des lobbies et de leur influence sur le pouvoir politique. Il dit lui-même que s'il a échoué à interdire l'importation en France de l'huile de palme, c'est parce que notre pays a signé des contrats d'armements avec l'Indonésie. En d'autres termes, c'est un échange de bons procédés. Peu importe que les forêts indonésiennes disparaissent chaque jour de façon dramatique.

C'est l'ensemble du modèle économique de nos sociétés qui est à revoir.

Et si nous, citoyens du monde, sommes de plus en plus nombreux à n'acheter AUCUN produit contenant de l'huile de palme et à ne pas utiliser de biocarburants à base de ce produit, alors, l'accord entre l'Indonésie et la France perdra toute sa puissance.

Nous démontrerons également que le pouvoir réel est entre nos mains, car personne ne peut nous obliger à acheter et à consommer ce dont nous ne voulons pas.

Nous sommes SEULS responsables de nos vies et de la forme qu'elles prennent.

Aucun de nous n'est victime. Et c'est ce que n'ont pas tout à fait compris ceux qui revendiquent. Revendiquer, c'est demander à d'autres de changer pour que nos vies soient meilleures.

C'est un leurre. Nous avons à choisir ce que nous voulons vivre et comment le vivre.

Ce que nous voulons manger ou pas, porter ou pas, etc.

Nous sommes, à chaque décision, les artisans de notre futur.

Les médias nous parlent à longueur d'années de crise, de chômage, de pouvoir d'achat amoindri, d'économie en berne et la crise de la COVID 19 n'a rien arrangé… Et si tout cela n'était qu'une réalité parmi d'autres, mais certainement pas LA réalité absolue ?

En effet, nous garder ignorants des possibilités de liberté, de choix, de vies, nous imposer des lois toujours plus paternalistes, plus restrictives et inscrites dans un modèle sociétal mondialiste qui ne considère pas l'individu a pour objectif de nous formater pour servir le profit à court terme. Il est important de nous faire croire, par la peur, que nous sommes impuissants à changer de vie et à faire évoluer le monde. Pourtant, la croissance économique à n'importe quel prix est incompatible avec la préservation de la vie sur terre et les enjeux écologiques. Les grands traités tels que le Ceta, le Mercosur, le Jefta construits sur un modèle d'économie mondialiste qui avait à l'origine pour objectif de mutualiser les moyens, de permettre d'échanger des pratiques et de diminuer des inégalités entre les peuples ont, au contraire, généré de l'appauvrissement, de l'inquiétude justifiée et une baisse de qualité de vie et de produits.

Nous pouvons faire le choix de ne pas y adhérer et cette pandémie nous a démontré à quel point cela était possible. Quand tout ou presque est à l'arrêt, la vie peut reprendre à un autre rythme, prendre un autre chemin. Nous sommes nombreux à le désirer ardemment. Pour y arriver, il est urgent de s'entraider, d'être solidaire, de vouloir le meilleur et le juste pour tous, pas seulement pour certains.

La classe politique s'est soumise à cette économie prônée par les grands lobbies. Personne à gauche, à droite ou au centre n'ose la remettre profondément en cause.

Pourtant, malgré les immobilismes politiques, malgré l'emprise des groupes d'influence, partout sur notre si belle planète naissent des initiatives individuelles, collectives, citoyennes, artistiques, économiques, sociétales qui nous montrent que nous sommes les acteurs d'un nouveau paradigme.

Sortons de l'illusion que nous n'avons pas de pouvoir.

Nous seuls avons LE pouvoir. Retrouvons et allions nos forces de vie si créatrices du meilleur et du possible.

Si nous continuons à adhérer au système de surconsommation et surproduction, que nous soyons riches ou non, si nous continuons à aspirer à être heureux grâce à ce que nous possédons, nous vivrons un bonheur passager, car la peur nous incitera à en vouloir toujours plus. Et le mode « toujours plus » générera une insatisfaction chronique qui nous invitera à nous lasser très vite de ce dont nous avons tant rêvé.

Et, surtout, ce mode de fonctionnement détruit chaque jour la planète et vulnérabilise notre climat.

Nous pouvons faire évoluer notre système de valeurs et choisir de vivre autrement.

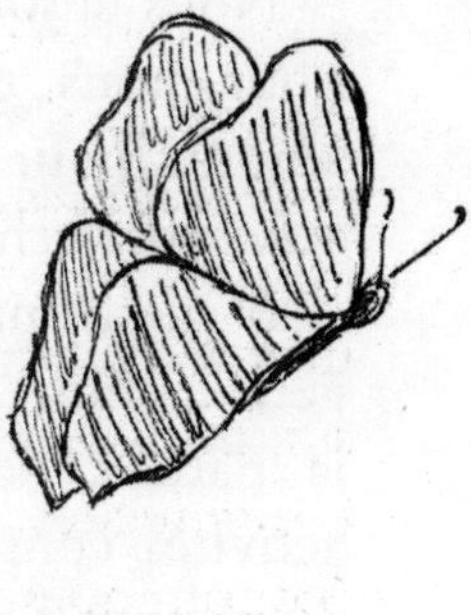

Il ne s'agit pas de refuser l'argent, ni l'abondance.

Il s'agit de refuser d'être les esclaves d'un système qui ne propose aucune vision sur le long terme et qui ne favorise que ceux qui produisent plus, « toujours plus ».

Il s'agit de refuser d'être les dévots d'un dieu construit de toutes pièces par un système consumériste et de refuser de vivre dans l'illusion d'un système pérenne basé sur des ressources épuisables.

Choisir de vivre selon d'autres valeurs construites sur le respect du vivant sous toutes ses formes, sur l'entraide, le partage et la création, sur l'invention d'autres formes de plaisirs, me semble primordial et faire ce choix permettra de sortir de la dualité et d'incarner un autre possible.

Aujourd'hui, acheter est le loisir favori d'une grande majorité de personnes, du moins dans les pays développés et ailleurs, là où règne la pauvreté, le rêve est de devenir riche pour ne plus avoir faim, ne plus voir mourir les siens et pour pouvoir acheter et posséder.

Nous faisons du shopping pour nous détendre, pour nous récompenser, pour montrer notre amour, pour rêver aux jours meilleurs… Nous achetons, achetons, achetons.

Nous avons perdu le plaisir d'inventer, d'échanger, de danser ensemble, de nous promener dans la nature, de faire de la musique, d'avoir des activités construites sur le plaisir d'être avec soi et/ou avec l'autre.

Nous ne jouons pas au tennis pour partager un moment avec un ami mais pour évacuer le stress, pour gagner un match, pour être performant.

Nous n'allons pas danser avec quelqu'un, nous y allons seul.

Nous buvons et nous essayons d'oublier que nous sommes étrangers à nous-même et à l'autre.

Nous ne passons pas de temps à être avec nous-même. Nous nous absentons en regardant la télévision, en jouant à des jeux électroniques, en écumant les réseaux sociaux…

Internet est pourtant un moyen extraordinaire pour communiquer et pour permettre des prises de conscience. Je ne suis pas réfractaire aux réseaux sociaux, au contraire. Bien utilisés, ils sont une possibilité magnifique de partage d'informations. Là encore, si je suis réellement connectée à moi, je sais – et surtout, je vérifie – si ce que je lis est vrai, faux et/ou transformé, manipulé.

Mais attention à bien faire la part des choses et ne pas s'isoler. Les réseaux ne sont pas la « vraie vie », simplement un outil.

Nous vivons avec des inconnus : nous-même et nos compagnons de route. Nous sommes en couple mais pas ensemble. Nous avons perdu le lien avec la vraie présence à soi et à l'autre. Nos vies sont devenues des courses effrénées au temps, à l'argent, à la reconnaissance sociale. Et cette quête impossible, presque toujours insatisfaite, nous éloigne de l'essence de qui nous sommes. Nous empêche d'être dans la rencontre silencieuse et salvatrice avec notre intuition, notre évidence et la réalité de notre fonction sur cette planète.

Cette course en avant ne nous éloigne pas que de nous-même, elle nous empêche aussi d'aimer vraiment l'autre et de regarder ceux et ce qui nous entourent avec profondeur et honnêteté.

*

Nous avons atteint une étape très importante de notre histoire humaine et planétaire.

Soit nous continuons sur le modèle actuel et nous, les humains, nous disparaîtrons, anéantis par notre irresponsabilité.

Soit nous inventons un autre modèle. Certains d'entre nous l'ont compris et seuls ou en groupe, ils tentent de faire évoluer le monde.

Ce n'est ni compliqué ni impossible.

Cela nous demande simplement de ralentir, de nous poser pour être vraiment là où nous sommes, d'oser sortir de nos zones de confort de plus en plus inconfortables ou de les explorer vraiment pour les vivre différemment – j'entends par zones de confort ce qui nous est familier, ce que nous connaissons – et d'oser tenter autre chose, quitte à nous tromper et réajuster nos choix.

C'est aussi en se trompant qu'on avance, qu'on progresse et qu'on affine ce qui est juste ou pas à mettre en place.

Nos enfants et nos petits-enfants ont besoin que nous nous engagions dans cette nouvelle aventure humaine si nous ne voulons pas qu'en 2050 ou 2100 la majorité d'entre eux aient disparu de la surface de la planète, car le réchauffement climatique aura généré des flux migratoires énormes, des pénuries, des conflits, voire des guerres.

Je parle d'aventure « humaine » dans la mesure où la planète, même si nous lui prenons tout, absolument tout, survivra. Mais les espèces animales et végétales magnifiques et nous, les humains, survivrons-nous à notre folie consumériste, à notre vision court-termiste du monde et à notre égoïsme ?

Alors, si nous inventions une autre façon d'être un organisme vivant sur cette planète ?

Si nous écoutions le message profond et subtil de notre cœur ? Peut-être retrouverions-nous ce lien puissant qui existe en chacun de nous et qui peut guider nos choix.

Choisir avec le cœur, c'est ne plus avoir peur et c'est offrir au monde sa confiance, son génie, sa créativité. C'est sortir du cloisonnement. Et – nous l'avons dit – c'est savoir que les erreurs nous permettent d'avancer. C'est partager ce qui est, sans craindre de ne plus avoir. C'est accueillir la différence comme une richesse et un cadeau. C'est comprendre au plus profond de soi que tout a une fonction et que le vivant sait créer l'harmonie à partir du chaos et possède une intelligence sacrée bien plus grande que celle de nos « ego » apeurés ou en besoin de reconnaissance.

Le vrai chercheur est celui qui tente de trouver, de découvrir, de faire grandir la connaissance et la conscience. Ce chercheur-là n'espère pas la reconnaissance de ses pairs et du monde. Il est mû par une autre quête, celle de la découverte. Et cette quête-là le comble.

Il est l'un de ces multiples battements d'ailes qui font évoluer l'ensemble des humains vers plus de justesse, de conscience et d'humilité.

Quand retrouverons-nous notre place dans l'harmonie du vivant ? Quand réapprendrons-nous à nous considérer comme étant une cellule au service d'un grand corps magnifique : la Terre ?

ARTISANS DU FUTUR

En tant que psychanalyste, j'accompagne – autant que faire se peut – les gens vers le meilleur d'eux-mêmes et je suis, chaque jour, émerveillée par la capacité que nous avons de transformer nos blessures, nos conditionnements et nos habitudes lorsque nous comprenons que nous seuls avons le pouvoir de changer nos vies. Et donc le monde. Je le répète tant cela est important : tout dépend de nous. Nous sommes capables du meilleur, en faisant évoluer notre regard sur nous-mêmes et sur ce qui nous entoure. Et en comprenant que nous sommes une partie d'un « Tout », que nous ne sommes pas éloignés des organismes vivants tels que les végétaux, les animaux, les minéraux, que nous sommes seulement différents, en aucun cas supérieurs.

En intégrant que ce respect du vivant et cette collaboration avec l'ensemble sont essentiels, nous aurons, alors, une influence constructive sur le drame annoncé.

Sur ce chemin de transformation, je n'ai pas été seule et je me suis énormément documentée[1] : en lisant les ouvrages de Pierre Rabhi, celui de Thomas d'Ansembourg et de David Van Reybrouck – *La Paix ça s'apprend !* –, ceux de Marc Luyckx, économiste et humaniste, *L'Entraide, l'autre loi de la jungle* de Gauthier Chapelle et Pablo Servigne ou le dernier de Cyril Dion, *Petit Manuel de résistance contemporaine*. J'ai aussi visionné beaucoup de conférences TEDx, de documentaires et lus de nombreux articles et études.

L'écologie et les prises de conscience sur les disfonctionnements de notre système consumériste sont pourtant déjà anciennes et ont pris naissance aux États-Unis, pays qui est aujourd'hui – après la Chine et avant l'Inde – l'un des trois pays les plus pollueurs au monde. En 1962, la biologiste américaine Rachel Carson a publié un livre intitulé *Silent Spring*[2]. Elle dénonçait déjà les dangers des pesticides pour les oiseaux et les humains. Elle avait même été reçue au Congrès. Son travail

1. *Cf.* à la fin de cet ouvrage la partie « Pour aller plus loin ».

2. *Printemps silencieux*, Wildproject Éditions, quatrième édition, 2020.

a été un électrochoc à l'origine du mouvement écologique mondial.

Grâce à elle, de nombreuses lois pour protéger l'environnement ont vu le jour aux États-Unis. Des personnalités se sont aussi engagées partout dans le monde pour nous aider à changer notre regard sur la nature et sa fonction. En Inde, depuis des décennies, Vandana Shiva, une véritable « Gandhi écologiste », se bat de façon admirable pour que l'influence de l'agroalimentaire ne tue pas. Elle a dénoncé les drames liés à la culture du coton OGM, à l'utilisation des pesticides, à l'appauvrissement des sols. Elle a mis en lumière les milliers de suicides de paysans ayant tout perdu à cause des cultures d'OGM, etc. Elle a souvent été menacée. Jamais elle n'a baissé la garde. Elle et d'autres activistes indiens ont réussi à faire évoluer les lois et les pratiques. Malheureusement, pour relancer l'économie, le gouvernement indien a récemment fait marche arrière sur beaucoup de progrès écologiques et a mis en place des lois interdisant l'utilisation des certains pesticides.

Aux États-Unis, Robert Redford se bat depuis des décennies pour l'environnement, le respect des peuples premiers dont il a souvent dénoncé la ghettoïsation. Il a très tôt compris la nécessité de protéger la nature. Dès ses premiers contrats d'acteur, il a acheté des hectares de terrain dans l'État de l'Utah et par la suite, il y a fondé le Sundance Festival qui soutient le cinéma indépendant et des documentaires sur des sujets engagés. Il a également créé la Sundance Channel, une chaîne de télévision indépendante qui informe sur les sujets environnementaux et tente d'être pédagogique. En 2008, il a lancé un site Web traitant du réchauffement climatique. En 2015, il est intervenu à l'ONU pour inviter les représentants des nations à agir enfin pour que les problématiques liées au changement climatique ne deviennent pas ingérables. Il se bat pour la qualité de l'eau et son approvisionnement. Il a créé l'Institute for Resource Management, une fondation qui apporte son soutien et ses ressources pour tenter de gérer les problèmes écologiques du grand Ouest américain de plus en plus menacé de stress hydrique en raison de programmes d'urbanisme démesurés et sans conscience écologique. Mais il s'engage aussi contre la déforestation en Indonésie, en Amazonie et ailleurs. Son implication sans faille est un exemple depuis plus de cinquante ans. Et il est le premier à dire qu'il n'est pas parfait mais qu'il fait de son mieux.

Si nous étions nombreux à être inspirés par Mélanie Laurent, Cyril Dion, Vandana Shiva ou Robert Redford, notre survie et celle des générations futures seraient en très bonne voie.

Des informations de cet ordre et bien d'autres m'ont permis d'ouvrir les yeux sur les actions possibles et de ne plus être murée dans le désespoir lorsque je me sentais démunie, seule et impuissante face à l'immensité de la tâche.

Ces sources sont des bouffées d'oxygène dans un monde sclérosé par la peur. Ces aventures à la rencontre du meilleur de l'humanité font du bien et ouvrent la porte à tous les espoirs.

J'ai aussi intégré une notion essentielle pour évoluer vers une véritable entraide, vers le meilleur pour chacun et pour tous.

Il est important de sortir de la dualité du « Je suis contre... »/« Je suis pour... ».

Par exemple : nous sommes nombreux à ne plus adhérer au choix d'une agriculture intensive qui produit à grand renfort de pesticides et d'engrais chimiques. Nous sommes « contre », car elle détruit la terre, la vide des nutriments nécessaires pour produire des légumes ou céréales de qualité. Nous sommes « contre » puisque cette façon de cultiver génère beaucoup de gaz carbonique (le

film *Kiss the ground* l'explique très bien) et donc de gaz à effet de serre. Mais nous observons aussi qu'être « contre » ne sert à rien, si ce n'est à faire partie d'un clan opposé à celui des « pour ». Il est constitué de paysans qui se sont endettés pour produire plus, comme on le leur demandait. Il est aussi constitué de coopératives agricoles, de sociétés de l'agrochimie et de consommateurs qui n'ont pas encore découvert les conséquences que ces produits alimentaires ont sur leur santé.

En restant braqué sur l'un de ces deux points de vue, il est impossible de construire quoi que ce soit et tout stagne, car chacun pense uniquement à SA survie et ne voit la vie qu'à travers un prisme.

Et si nous prenions le temps d'informer tous les acteurs concernés, de démontrer qu'il existe une autre façon de cultiver et de produire qui est rémunératrice, qui respecte la terre et les personnes qui consomment ? Si nous faisions découvrir aux paysans impliqués dans ces modes de production des enquêtes indépendantes prouvant la nocivité des produits qu'ils utilisent, pour eux-mêmes et pour les consommateurs ? Si au lieu de les juger, nous les aidions à mettre en place ces autres façons de faire, à cultiver autrement, à ne plus dépendre des grands groupes de commercialisation, à développer une offre par le biais des circuits courts, à utiliser les aides qui existent dans chaque partie du monde ?

Si nous soutenons la transformation du monde paysan, alors nous serons solidaires et nous aiderons les paysans à se reconvertir et non à survivre et s'endetter encore et encore.

Et si l'Europe reconsidérait sa politique agricole et aidait aussi bien les petits producteurs que les grands, les paysans retrouveraient leur dignité, le plaisir de faire leur métier et ils ne vivraient peut-être plus sous le niveau de pauvreté tout en travaillant comme des fous. Et l'Europe pourrait être un exemple pour le monde.

Nous avons pu faire l'expérience pendant la pandémie de l'utilité des exploitations agricoles

de proximité. Nous avons été nombreux à éviter les supermarchés et à privilégier les commandes auprès des petits producteurs. Et nous avons pu découvrir que cette façon faire ses courses n'était pas forcément plus chronophage.

Sortir de la dualité du « pour » et du « contre », de la dualité du jugement et aller vers la véritable coopération des talents, vers l'entraide est une des solutions.

Mais surtout, cette sortie de la dualité est une opportunité de comprendre que tout a un sens, une fonction, un but. Et que tout être peut se tromper et ensuite changer. Comme nous le disions : se tromper n'est pas avoir tort, se tromper, c'est faire une expérience qui permet d'avancer avec de plus en plus de justesse vers son objectif. Ici : gagner sa vie dignement en offrant de bons produits aux gens.

Ces prises de conscience, ces évolutions, ces mises en acte de pratiques différentes ou nouvelles ont une incidence sur l'ensemble, car…

Tout a son importance.

Tout a une influence.

Rien n'est anodin.

Nous aimerions souvent que soit passé sous silence ce que nous n'avons pas envie de reconnaître comme existant ou ayant existé, mais c'est impossible.

Tout ce qui naît existe. Que ce soit une pensée ou un acte.

Si nous éduquions les enfants en leur proposant cette notion de responsabilité dans le sens : RESPONS-ABLE (en anglais) = AVOIR L'APTITUDE DE RÉPONDRE (en français), alors chacun aurait la possibilité d'adopter des comportements plus ajustés aux situations et aurait conscience de son influence sur l'évolution de notre société et du monde.

Nous ne nous vivrions plus comme des pions manipulés par les « puissants », qui n'ont de puissance que celle qu'on leur octroie. Mais comme des êtres capables, à tous niveaux, de changer le monde par leurs actes et leurs choix au quotidien.

Alors, qu'attendons-nous pour essayer ?

A) Miroir, mon beau miroir…

Comment transformer le monde en partant de moi ?

J'ai pris pour habitude de me laisser ressentir ce que j'éprouve en présence de l'autre, quel qu'il soit, et face à n'importe quelle situation.

Apprendre à regarder le monde en le recevant comme un miroir de ce qui peut évoluer en moi est le b.a.-ba.

Si, dans ma relation avec une personne, ce que je ressens est « neutre », cela me permet d'observer que mon interaction avec la personne est harmonieuse, voire neutre, et il en est de même pour toute autre situation qui me renverrait à ce type de ressenti.

Si ce que je ressens est de l'ordre de la joie, de l'éblouissement, de l'émerveillement, de l'admiration, j'ai pour habitude de remercier la vie de me permettre de vivre ce moment, cette rencontre, ce partage et, surtout, j'accepte que ce qui m'émeut positivement chez l'autre ou dans la situation que je vis est vraisemblablement un miroir de ce que j'ai encore parfois du mal à reconnaître en moi.

Observer et accepter est une première étape indispensable.

Reconnaître le talent, la générosité, l'intelligence, la beauté de l'autre est souvent chose facile. Mais accepter que, si cela nous touche, cela signifie que cette qualité nous appartient aussi… C'est beaucoup moins simple.

Nos éducations nous ont, la plupart du temps, poussés à nier ce qui est magnifique en nous. Nous avons été plongés, depuis tout petits, dans le bain de la « fausse » modestie, de la « fausse » humilité, du « peut mieux faire ».

On ne nous a pas dit : « Tu es formidable. » ; « Comme tu es doué, habile, drôle, courageux, généreux. » Et si quelqu'un nous l'a dit, c'était le plus souvent suivi d'un : « Mais tu devrais… » Ce qui signifie : « Tu as tel ou tel talent, telle capacité mais tu n'es pas assez ceci ou cela. »

Nous avons introjecté ces jugements, ces critiques, ces manques d'enthousiasme exprimés par nos éducateurs, nos parents.

Et ensuite, inconsciemment, nous n'avons cessé d'agir comme eux vis-à-vis de nous-même. Nous sommes devenus nos propres juges et notre exigence à notre égard est immense.

Se féliciter, se remercier, s'enthousiasmer de ce que nous sommes, de ce que nous faisons... Cela n'arrive à peu près jamais. Notre discours intérieur est presque toujours négatif à notre propos. Nous nous jugeons nuls, inefficaces, médiocres, moyens.

Nous nous comparons aux autres et quand nous acceptons que ce que nous avons fait est « bien », « beau », « de qualité », nous le considérons comme normal. Eh oui. Normal ! Bien sûr, c'est « aussi » normal mais ce n'est pas « que » cela. Et ce « normal » n'est-il pas également merveilleux ?

J'ai rencontré, ces jours-ci, un boulanger passionné, amoureux de ce qu'il produit. Ses farines sont bios, son atelier de fabrication se situe dans le lieu de vente, à la vue de tous. Paulin fabrique ses pains devant ses clients. Il choisit ses farines avec une attention particulière, il fait son levain lui-même. Il cherche, il invente, il offre pour

avoir l'avis de ses clients. Cet homme m'a émue et mise en joie.

C'est là, par cette émotion, que le miroir prend place. Paulin est un miroir de l'être passionné, exigeant, original que je suis. Ce qui me met en joie quand je le rencontre, c'est tout autant ce qu'il est et ce qu'il offre au monde que ce qu'il me permet de découvrir et/ou d'accepter de moi-même.

Il me permet de rencontrer ce qui est flamboyant en moi, ce que je peux offrir au monde et à moi-même comme il le fait.

Et bien sûr, ce phénomène du miroir fonctionne aussi quand ce que je ressens me crispe, me dérange, m'exaspère, m'invite à faire demi-tour, à me mettre en retrait ou éveille en moi un mécanisme de défense…

J'écoute aussi ce mouvement-là. Un mouvement que l'on peut confondre avec l'intuition.

L'intuition est une sensation d'évidence qui ne passe pas par le mental.

Ce n'est pas mon mental qui me dicte mon action, mon choix. Et la plupart du temps quand j'écoute mon ressenti, il s'avère adéquat.

Cette perception intuitive se manifeste toujours par le biais de mon corps. Soit je sens mes cellules se crisper et tout mon être faire un mouvement très subtil en arrière ou comme si tout se contractait, se rapetissait en moi. Soit, dans d'autres circonstances, elles me donnent l'impression de m'épanouir, de me détendre et je sens mon corps faire un mouvement d'ouverture à l'autre ou à la situation. Ensuite, et avant d'agir, j'essaie toujours de me donner la possibilité de prendre du recul, de me laisser ressentir si je suis sereine face à mon choix.

Si cette sensation d'apaisement ou de crispation s'exprime et se prolonge dans les minutes, les heures, les jours qui suivent, je sais que mon choix est juste, qu'il s'agit d'une intuition profonde et non d'une peur ou d'une croyance.

Si ce n'est pas le cas, ou si cette évidence ne se présente pas à moi, il ne s'agit plus d'intuition et j'essaie de voir si la situation ou la personne ne réactive pas des blessures anciennes.

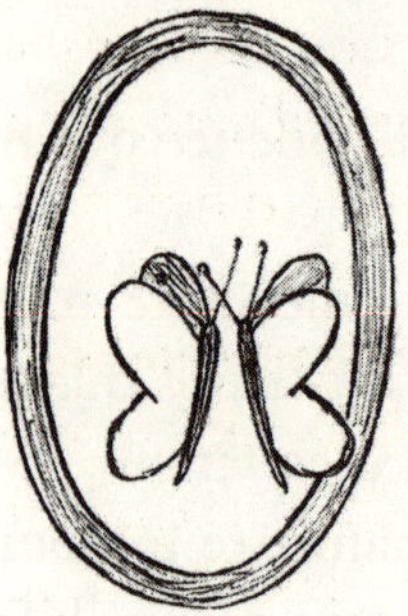

En effet, il s'agit peut-être d'un mécanisme de survie qui a toute sa justesse et qui va me permettre de recevoir, grâce au miroir renvoyé par l'autre, une indication sur moi-même et sur ce que j'ai à accepter de moi dans ma relation à moi-même et/ou aux autres.

Toute situation ou personne qui génère chez moi une émotion négative forte est vraisemblablement aussi un miroir.

Exemple : Je me fais injurier par un inconnu dans la rue, car j'étais distraite et je l'ai bousculé sans le vouloir.

1 – Il m'injurie et je me dis que je peux comprendre et qu'il a réagi instinctivement. Je ne prends pas personnellement ses injures. Je lui présente des excuses. Ce qui se passe m'invite surtout à observer que je n'étais pas assez présente à ce que je faisais et, donc, à moi et au monde. C'est un événement qui me permet d'évoluer et qui ne me perturbe pas.

2 – Il m'injurie, je suis choquée et, même si je comprends sa réaction, je trouve son attitude injuste, dans la mesure où je lui ai présenté des excuses et je me sens contrariée, voire en colère. Ce sentiment dure maximum quinze minutes, rien à ajouter, tout est cohérent et normal dans ce mécanisme. J'ai le droit de ne pas être d'accord avec les injures et de ne pas accepter d'être traitée ainsi.

3 – Il m'injurie et je suis choquée, je lui fais des excuses mais je ressens un fort sentiment d'injustice. Je suis en colère et je n'arrête pas d'y penser, d'en parler peut-être. Les minutes et les heures passent et je me sens mal de l'incivilité, de la grossièreté de cet inconnu qui n'arrêtent pas d'être très présentes dans mes pensées… Là, j'ai des questions à me poser !

En effet, cet inconnu et la situation me renvoient un miroir soit de ma relation à moi-même, soit de ma relation aux autres, soit les deux.

Suis-je souvent dans le jugement vis-à-vis de moi-même ou de l'autre ? Suis-je peu tolérante avec moi ou avec l'autre ? Et si je n'arrive pas à oublier cet événement sans importance, en somme, et que je le ressasse, quelle blessure de mon histoire personnelle est réactivée inconsciemment par cette personne, son comportement et la situation ?

Ici se joue non seulement le principe du miroir mais également la possibilité de revisiter mon histoire, ma construction psychique et émotionnelle et de la faire évoluer pour être au monde différemment et plus librement.

Aussi, quand une personne ou une situation nous gênent, nous mettent mal à l'aise, voire nous font peur, c'est tout cela qui se joue. Notre cerveau reptilien nous invite au repli, à l'attaque parfois, rarement à l'observation, car pour le cerveau reptilien ce qui prévaut, c'est la survie de l'individu et archaïquement, de l'espèce.

*

Maintenant allons plus loin, les gouvernants et les lobbies ont bien compris cela. Ils en usent et en abusent pour nous influencer dans nos choix. Nous sommes informés mais en vérité, nous sommes formatés. Apprendre à ne pas réagir – surréagir – et à observer est essentiel. Essentiel pour rester libre de ses choix ou au moins pour le tenter.

Plus nous apprendrons à prendre du recul avant d'agir, plus nous apprendrons à écouter nos ressentis et nos intuitions, plus nous apprendrons à observer et à choisir en fonction de nos intuitions profondes et de nos observations, moins nous nous tromperons et plus nous serons des citoyens conscients et libres, capables d'agir plutôt que de réagir.

Réagir est de l'ordre du mécanisme de survie.

Agir est un mouvement choisi, conscient et qui a un objectif d'évolution. Pour que nos battements d'ailes changent le monde, le fassent évoluer vers un monde plus cohérent, plus juste, plus respectueux, avons-nous un chemin intérieur à mettre en place.

Un chemin de respect, de bienveillance, d'amour vis-à-vis de nous-même.

Il existe des groupes d'évolution, de pensée positive, de méditation, de présence à soi et au monde, de communication non-violente partout sur la planète.

Et grâce aux réseaux sociaux, nous pouvons être facilement informés. Internet est devenu un outil qui permet de ne plus être isolé et de bénéficier rapidement d'informations utiles. Ces groupes sont des espaces que nous pouvons nous offrir pour évoluer et nous éveiller à une nouvelle façon d'être. Et nous avons pu l'observer pendant le confinement. Internet a permis à de nombreuses personnes de rester en lien avec les autres, avec le monde, de s'entraider, de méditer ensemble, de faire du yoga, du Pilates, de danser, d'exprimer ses angoisses lors de séances avec des professionnels : Psys, sophrologues, hypno-thérapeutes,

coach de vie, etc. De participer à des groupes de paroles, d'écouter des conférences, de découvrir des musées, de s'instruire... Tout a été possible et mis à disposition, souvent gracieusement, pour aider le plus grand nombre d'entre nous. Certains ont perçu la possibilité de faire des choix de vie différents, de créer un autre monde grâce à l'expérience vécue. Alors...

B) Relevons le défi

Chacun, à son niveau, a le pouvoir d'inverser la tendance actuelle et d'éviter la destruction de la planète et de l'humanité.

Nos petits actes du quotidien peuvent changer le monde. C'est une réalité.

Ce n'est pas une utopie ou une illusion.

Si je peux changer ma façon d'être et de penser ma vie, tout devient possible. Mes actions rejoignent mes aspirations. Dès lors, je m'autorise à « rêver » à ce qu'il adviendrait si chaque être humain mettait en application cinq actes par jour, même anodins d'apparence...

Très vite, un monde nouveau émergerait.

Alors, qu'attendons-nous ?

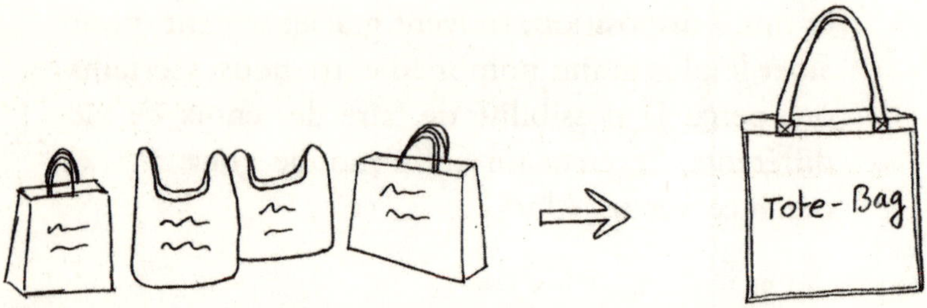
Tote-Bag

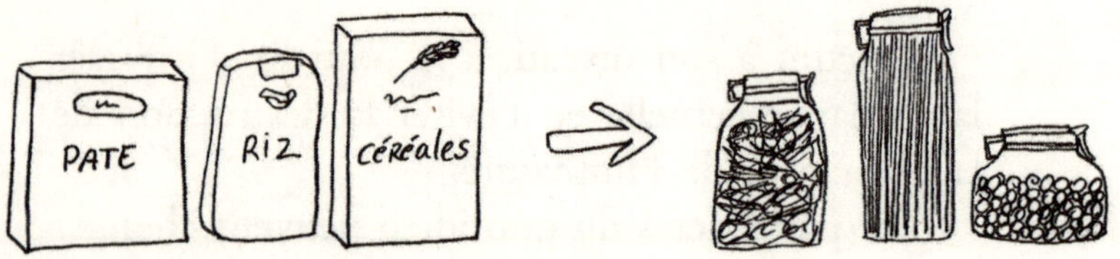
PATE
Riz
céréales

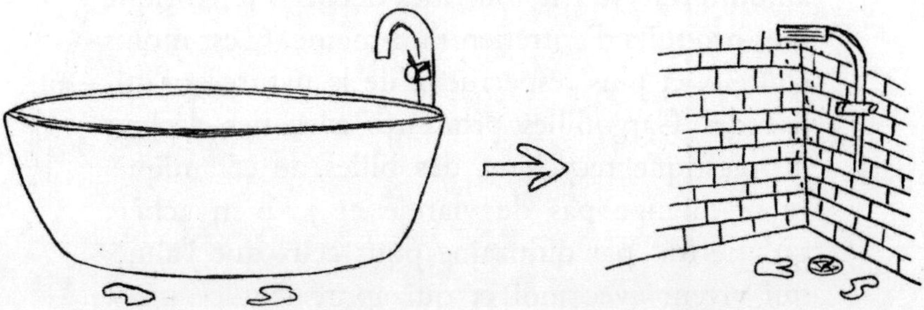

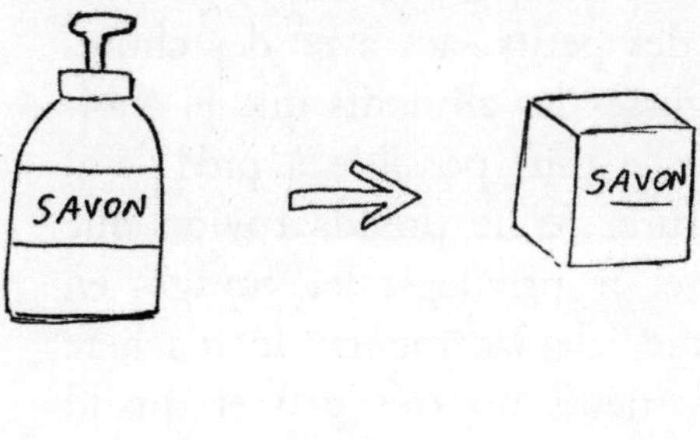
SAVON
SAVON

En ce qui me concerne, je ne prends plus de bain, car je sais que, dans les années à venir, l'eau va être rare et qu'il faut la préserver dès aujourd'hui. Je trie tous mes déchets. Je fabrique mes produits d'entretien moi-même. C'est moins coûteux et plus respectueux de la nature et j'utilise des Gargouilles produites avec des déchets de plastique recyclé et des billes de céramique. Je ne mange pas de viande et je n'en achète qu'une fois par quinzaine pour ceux que j'aime, qui vivent avec moi et qui apprécient ce mets. La viande que j'achète provient d'un petit éleveur bio, donc, en circuit court. Je ne mange pas de poisson pour ne pas participer à la destruction des océans. Quand je reçois des amis ou de la famille à dîner, je leur cuisine des plats végétariens et leur permets ainsi de découvrir une cuisine différente. Je fais mes courses avec des sacs en tissus pour éviter le plastique et j'achète en vrac. J'ai confectionné des petits sacs avec des chutes de tissus pour y glisser les aliments que je choisis. Je me déplace le plus possible à pied – ni en bus ni en voiture. Je ne prends l'avion que deux fois par an et je privilégie les voyages en train pour tous mes déplacements. Je n'achète plus de vêtements neufs ou très peu et quand j'en achète je ne choisis que des marques éthiques – provenance, conditions de travail, matières. Je n'ai pas changé de portable depuis six ans. Quand c'est nécessaire, je fais réparer celui que j'ai, etc.

Je fais ma part comme dirait le mouvement des colibris.

Quant à Laurie, ce qui m'a donné envie de travailler avec elle sur cet ouvrage, c'était son talent d'illustratrice, bien sûr, mais aussi son engagement, sa conscience de l'impasse dans laquelle l'humanité était et son authenticité.

Quand nous nous sommes rencontrées, elle avait déjà fait certains choix avec son amoureux et leur vie au quotidien s'inscrivait dans des actes conscients et choisis.

Elle ne se considérait pas vraiment comme étant exemplaire, mais son humble contribution était déjà très ciblée et constructive.

Il y a des gestes qui étaient des réflexes ancrés en elle depuis petite comme : arrêter l'eau sous la douche, quand on se brosse les dents, quand on se lave les mains, ou trier ses déchets.

Plus récemment, elle a pris conscience que l'on pouvait faire bien plus.

Elle se nourrissait de bio depuis des années mais à présent, elle a décidé de privilégier au maximum les fruits et légumes de saison. Elle consomme moins mais mieux, notamment pour les vêtements. Elle n'achète plus dans les enseignes de *fast fashion* et elle privilégie des marques plus engagées ou qui proposent des produits de meilleure qualité. Elle achète également des produits ménagers « propres », c'est-à-dire aux actifs naturels et sans produits chimiques. Elle s'est mise à la « *green beauty* » et n'utilise plus que des produits cosmétiques à la composition naturelle ou bio. Enfin, elle a diminué sa consommation de viande et de poisson et lorsqu'elle en achète, c'est toujours du bio. Il y a une double motivation dans

ses gestes : d'une part elle veut préserver notre planète et d'autre part elle veut prendre soin d'elle. La question de la santé est aussi très importante dans sa démarche. Son prochain objectif est de réduire ses déchets. Elle n'est pas encore très bonne élève, dit-elle. Mais elle prend chaque jour de nouvelles dispositions comme acheter en vrac. Les actions de Laurie ou les miennes démontrent que la bienveillance pour soi a aussi un impact sur le monde.

Imaginez comme tout évoluerait positivement et vite si chacun agissait dans cet esprit. Et je vous assure que rien n'est astreignant dans mes choix ou ceux de Laurie, que nous sommes très nombreux à faire ! C'est ce que l'on imagine du changement, de la difficulté à le mettre en place qui nous bloquent plus que le changement lui-même. Une fois le mouvement initié, ça devient évident, voire facile, si ce n'est excitant de participer à ce bouleversement.

Le seul problème, en fait, est que chacun voit midi à sa porte, comme le dit le dicton populaire. Nous pensons que, si nous sommes seuls à agir, cela n'aura aucune conséquence positive. Alors, pourquoi nous obliger à faire telle ou telle concession sur notre confort de vie si cela ne sert à rien ?

J'ai froid, j'augmente la température de mon lieu de vie pour me réchauffer au plus vite.

J'ai froid, je prends un bain très chaud.

J'ai déchiré mon pantalon en tombant et j'achète rapidement un vêtement à bas prix pour ne pas arriver déguenillé à mon rendez-vous.

J'ai oublié d'acheter des sacs-poubelle, pour une fois je ne trie pas et je jette tous mes déchets dans la même poubelle.

Je n'éteins pas les appareils en veille, car j'ai besoin du wifi la nuit pour écouter des podcasts et m'endormir.

Etc.

Nous l'avons dit : les actes anodins ont des conséquences si nous ne sommes pas seuls à agir.

Les comportements égocentrés sur nos besoins immédiats pourraient évoluer vers : J'ai froid et je mets mon magnifique gros pull et des chaussettes (si nécessaire). Si j'ai encore froid, je ne pousse que la température du radiateur de la pièce où je travaille, et pas celle des autres appareils.

J'ai déchiré mon pantalon, j'achète du scotch thermocollant et je m'arrête quelques minutes dans un pressing pour qu'ils m'aident à le placer sur la partie abîmée de mon vêtement, ou je le customise de façon amusante, ou encore j'assume d'arriver à mon rendez-vous en étant tombée.

Je n'ai plus de sacs-poubelle recyclables ? Je place mes déchets dans un récipient et je les jette le lendemain matin dans les poubelles de tri communes de mon immeuble.

Je télécharge des podcasts pour ne pas avoir besoin du wifi la nuit ou j'apprends la cohérence cardiaque pour m'endormir en respirant profondément.

C'est si simple en fait, seulement nous n'y pensons pas. Bloqués par nos habitudes et nos conditionnements.

Les médias, nos croyances sociétales, familiales, le contexte économique dont nous sommes imbibés, notre culture nous figent sur nos acquis et freinent nos élans de vie et notre créativité.

Il est temps, grand temps d'apprendre à oser et à oser vivre.

C'est ce que j'ai eu envie d'inscrire dans ma réalité.

Et vous, seriez-vous prêts à expérimenter ?

*

Reprenons ce rêve que nous avons effleuré il y a quelques instants : imaginez des milliers, des centaines de milliers, des millions d'individus faisant chacun individuellement cinq choix par jour pour évoluer et faire évoluer le monde, cinq actions quotidiennes qui auraient un impact, même infime, sur les relations entre les êtres, sur les gaz à effet de serre, sur la pollution des océans, des rivières, sur les conditions d'élevage des animaux, sur la déforestation…

Tentez d'imaginer.

C'est impressionnant, n'est-ce pas ?

C'est même bouleversant de se relier à la puissance que représentent ces myriades de petites et grandes actions produites par des individus conscients, maîtres de leur vie, de leurs choix et de plus en plus alignés intérieurement.

Chacun de nous a un immense pouvoir.

On ne peut nous imposer que ce que nous acceptons, que cette acceptation soit consciente, inconsciente ou résultant d'un défaut de courage ou d'imagination.

La pandémie a provoqué une immense envie de vivre différemment. Le temps que nous avions à disposition nous a permis de découvrir à quel point notre société et nos modes de fonctionnements nous aspiraient vers un monde que nous ne voulions pas léguer à nos enfants et aux générations suivantes. Ce que nous appelons le monde d'APRÈS peut exister. Nous pouvons tous être acteurs de ce changement comme l'ont été les 150 citoyens français tirés au sort qui ont participé pendant six mois à la convention citoyenne pour le climat mise en place par le gouvernement français. De leur travail ont émergé 149 propositions. Pour se loger, se nourrir, se déplacer, consommer, travailler, produire avec un objectif exigeant : réduire de 40 % les émissions de gaz à effet de serre. Un rapport de 600 pages a été rendu au gouvernement avec l'espoir que ces recommandations seront majoritairement suivies tant en France qu'en Europe. L'idée serait de faire de l'Europe le continent « modèle » pour inspirer les autres, sauver l'humanité et la biodiversité tout en respectant et incluant les plus démunis qui souvent n'ont pas les moyens financiers de changer leurs façons de vivre. Il est essentiel de les accompagner eux aussi dans ce changement.

La suite du processus est d'être acteur de nos vies et de cocréer un nouveau monde, de nouveaux modes de vie plus respectueux de chacun et du vivant en globalité.

Ce mouvement existe déjà et est présent sur toute la planète.

L'inscrire dans le quotidien de chacun est la prochaine étape.

Si vous n'avez pas d'idée sur le sujet, lisez le livre de Julien Vidal, *Ça commence par moi*, ou téléchargez l'application : *90 jours*. Vous y trouverez des propositions pour faire évoluer vos habitudes et vos comportements à votre rythme. Et si vous en avez le courage, lisez le rapport de la convention citoyenne. C'est passionnant.

Si vous habitez un pays anglophone, vous trouverez sur le site Eco B&B des applications pour réduire votre impact négatif et calculer votre empreinte écologique, il y a aussi le site ReduceWasteNow qui est très aidant.

Pour acheter local (*community supported agriculture*), il y a, par exemple, le site : Local Harvest.

Chacun de nous est le bâtisseur d'une autre humanité, car chacun de nous est une part infime et si importante de ce grand corps qu'est l'humanité.

Chacun peut conduire l'ensemble à une vie épanouie, florissante, respectueuse, joyeuse, magnifique ou... à la mort et la disparition.

En parallèle de ces prises de conscience occidentales, il y a un nombre conséquent de peuples qui rêvent de sortir de la misère, de la famine et qui aspirent à vivre mieux. Ces populations sont les premières à subir le contrecoup de notre inconscience et de nos abus en tout genre depuis soixante à soixante-dix ans.

Les populations des continents africain, indien, asiatique, et certains pays sud-américains manquent souvent de tout. Les ressources de leurs territoires ont été exploitées, voire surexploitées, par les Occidentaux. Nous avons construit notre confort, notre qualité de vie sur ce qui leur était pris, mais que leur avons-nous offert en échange ? Si nous sommes vraiment honnêtes, si nous n'essayons pas de trouver des excuses aux comportements de nos anciens, si nous reconnaissons que nous continuons aujourd'hui et que nous saccageons écologiquement des zones vierges et magnifiques pour le lithium des batteries électriques, pour planter des palmiers à huiles, pour trouver du gaz de schiste (et ce ne sont que quelques exemples parmi tant d'autres), que ces comportements destructeurs continuent alors que nous sommes conscients des conséquences. Si nous acceptons notre responsabilité sur le fait que notre façon de vivre pénalise ces peuples à de nombreux niveaux, et notamment au niveau climatique. Si nous prenons conscience que des hausses de températures extrêmes, des phénomènes cycloniques et autres ravagent ces parties du monde bien plus qu'en Europe ou sur le continent nord-américain. Si les chercheurs prédisent des flux migratoires importants d'ici quelques années et si nous avons la sincérité de reconnaître que tout cela prend en très grande partie sa source dans la demande des pays développés en viande, céréales, huile de palme, chocolat, minerais… Si nous acceptons que cette demande est de plus en plus importante et qu'il est temps, grand temps, d'œuvrer avec les gouvernements de ces contrées pour leur apporter le confort qu'ils désirent sans les effets secondaires, alors la construction d'un monde plus juste s'initie. Et ce qui est formidable,

c'est que c'est possible ! Les aider à vivre dignement chez eux, n'est-ce pas plus juste pour tous ? Qui a envie de se déraciner ? Personne. Ces exodes actuels et futurs ne sont pas volontaires, ils sont forcés par les circonstances et les drames, les famines et les désespoirs, les guerres et les conflits liés à la survie.

Nous pouvons inverser le drame annoncé, éviter les flux migratoires, utiliser le génie humain pour aider et coopérer, pour produire de l'eau, respecter les forêts, replanter, arrêter les extractions de minerais et de pétrole dans les dernières régions totalement vierges et sauvages, bloquer l'extension des plantations de soja, de maïs, de palmiers à huile qui détruisent les forêts primaires poumons de la planète et du vivant et surtout si riches d'une pharmacopée naturelle, puissante. Et tout cela, chacun de nous peut y participer par ses choix quotidiens.

C'est là qu'est le miracle !

C'est là que réside la solution. Nos achats et nos façons de consommer sont les baguettes magiques qui détiennent TOUS les pouvoirs.

Consommons moins, plus éthique et modifions nos habitudes. Ainsi, nous changerons le monde et nous recréerons un paradis pour les générations futures. Car notre planète est un paradis de beauté et d'abondance où la cohérence règne partout si l'humain ne se considère pas comme supérieur et ne contredit pas les lois si fascinantes de la vie et de la nature, si l'humain reprend sa juste place, humblement, en étant une espèce parmi d'autres dans le fonctionnement d'un écosystème parfait qui s'autorégule.

Il est impératif que nous soyons moins prétentieux et que notre génie s'offre au profit de TOUT le vivant et pas uniquement de notre espèce. Nous savons que nous pouvons créer aujourd'hui du lait maternel issu de cellules-souches humaines, de la viande grâce aux cellules-souches d'animaux, etc. C'est extraordinaire ! Bientôt nous n'aurons plus besoin d'inséminer des vaches pour qu'elles produisent du lait ou des petits pour la consommation de viande. Nos paysans producteurs de lait et de viande (si consommatrice d'eau) pourront même se reconvertir dans l'agriculture biologique qui peut nourrir toute la planète si on respecte l'intelligence incroyable de la nature comme c'est le cas en permaculture. Visionnez les documentaires *Tout est possible* et *Kiss the Ground*, vous verrez à quel point convertir une exploitation agricole en bio et/ou en permaculture est possible et produit des résultats incroyables assez rapidement, tout en régénérant l'atmosphère par la captation du carbone par les sols.

Si petit à petit, nous ne nous positionnons plus en compétition, en supériorité ou infériorité, en comparaison avec les autres. Si nous devenons ces êtres présents à eux-mêmes et conscients de leur potentiel, qui partagent avec leurs semblables leur spécificité, leurs talents, leurs habilités et construisent un monde différent et passionnant. Alors, un monde juste par essence – puisque chacun y apporte ce qu'il est et s'enrichit des apports des autres – émergera.

Dans le livre de Pablo Servigne et Gauthier Chapelle déjà mentionné, les auteurs nous démontrent à quel point ce mode de fonctionnement est essentiel et l'une des voies d'évolution constructive possible. Il est impératif que nous quittions le modèle obsolète que nous ont proposé nos parents et les générations passées pour adhérer à ce nouveau paradigme : coopérer, s'entraider pour évoluer et vivre en équilibre avec le reste monde. C'est ce que j'appelle la « mondialisation positive » contrairement à celle basée sur l'exploitation. J'observe pour mon plus grand bonheur qu'une très grande partie de la jeune génération y est très sensible et porte en elle, comme une évidence, ce modèle de société.

Personne ne peut, seul, changer le monde, mais chacun de nous peut changer son monde, sa relation à lui-même et au monde environnant.

C) Une journée idéale, qu'est-ce que c'est pour vous ?

Pour moi, elle ressemble à ceci.

Je me réveille naturellement et, si ce n'est pas possible, en douceur, aube artificielle ou avec une musique qui me fait du bien.

Si je dors avec la personne que j'aime, j'institue un rituel.

Un jeune homme de ma connaissance a mis en place un double réveil. Le premier, quinze minutes avant de se lever, pour avoir le temps d'être avec son amoureuse. Pas forcément pour faire l'amour, mais pour « être ensemble » et savourer le bonheur d'être deux, pour remercier l'autre d'être dans sa vie, pour s'éveiller ensemble à une nouvelle journée. Ils ont mis en place le même rituel le soir. N'est-ce pas une belle façon d'honorer la présence de l'autre dans nos vies si actives et de nous honorer nous-même ?

Après avoir ouvert les yeux, je prends un temps avant de me redresser pour respirer en conscience, pour être avec moi, mon corps, mes ressentis, pour m'éveiller à ce nouveau jour, cette page de vie qui commence.

Puis, je pose les pieds au sol en essayant de m'imaginer comme un arbre très enraciné qui laisse la sève monter de ses racines vers tout son être.

Enfin, je me lève et je prends contact avec le ciel, le temps qu'il fait, les autres habitants de mon univers intime, les plantes qui agrémentent mon quotidien de leurs bienfaits et de leurs beautés, mes compagnons animaux qui m'offrent tant d'amour et de joie de vivre, tant de sagesse aussi et d'espièglerie.

Tout cela prend quelques minutes.

Si mon compagnon est là, je prends également quelques instants pour savourer sa présence, remercier la vie d'avoir mis sur mon chemin un être de sa qualité, le remercier d'avoir envie de prolonger notre expérience commune, me remercier d'avoir choisi de cheminer et d'évoluer avec lui, nous remercier pour ce quotidien partagé, si simple et si riche à la fois. Riche de nos différences, de nos incompréhensions et nos capacités à accueillir l'autre pour ce qu'il est. Tout ceci s'accomplit dans le silence de mon cœur.

Je prends une douche et je me laisse sentir et vivre la chance d'avoir ce luxe immense. J'honore mon corps de cette caresse de l'eau qui le purifie des ombres de la nuit et des traces de mes voyages nocturnes. Pour terminer, je le vivifie d'une douche un peu plus fraîche.

Je m'habille de façon souple car, après le petit-déjeuner, je vais méditer.

Méditer assise ou en marchant, en silence, en recevant dans mon être la vibration de la nature qui m'entoure, que ce soit dans le square à côté de chez moi, devant la fenêtre ou simplement en visualisant un paysage que j'aime.

Une fois douchée, si j'ai faim, je petit-déjeune en conscience. En choisissant des produits de qualité.

Je préfère manger peu mais bon que beaucoup et médiocre. Nous savons aujourd'hui que notre organisme n'a pas besoin d'une grande quantité pour bien fonctionner. Il a besoin de nutriments de qualité qui sont de plus en plus difficiles à trouver dans le commerce.

Acheter bio ou chez des producteurs respectueux de la terre et de ce qu'ils proposent est aussi un acte d'amour pour soi, pour tous et la planète incluse.

Personnellement, mon petit-déjeuner est constitué d'un verre d'eau chaude au lever. Comme je suis végétarienne – j'avance de plus en plus le végétalisme –, je prends des compléments alimentaires prescrits par ma naturopathe préférée. Je vous invite à rencontrer le ou la vôtre. Et si là encore vous vous dites « je n'ai pas les moyens », je répondrai : Internet regorge de sites où des professionnels, faisant partie de cette nouvelle humanité inscrite dans le partage, donnent des conseils gratuits et parfois personnalisés. Tel guidenaturo.com pour ne citer que lui.

Un jour sur deux, je me prépare un jus dont je trouve les recettes dans différents livres de cuisine végétarienne ou sur Internet. Les ouvrages d'Odile Chabrillac m'ont beaucoup aidée.

J'essaie de varier. Le lendemain, je me fais un muesli. C'est un mélange de fruits frais et secs, de lait végétal. J'y ajoute une cuillère d'huile d'olive, de colza, ou toute autre huile aux qualités nutritionnelles essentielles.

Parfois, je ne mange pas, car je fais souvent des cures de jeûne intermittent. Mais je me prépare toujours un thé vert bio – le thé est un des aliments les plus pollués par les pesticides au même titre que les pommes – que je savoure tout au long de la matinée, chaud d'abord, froid ensuite.

Après ce petit-déjeuner, je médite.

Je ne commence jamais une journée sans ce moment. Si j'ai peu de temps, c'est dix ou quinze minutes. Mais j'essaie de trouver un espace de trente minutes, voire plus, le plus souvent possible.

Je médite sans être guidée. Mais si vous souhaitez vous y mettre et en découvrir les bienfaits immenses, il existe des applications pour smartphone telles que *Mind*, *Petit BamBou*, *Calm*. Vous pouvez également trouver sur YouTube des médiations – guidées ou non – proposées gratuitement. Ce sont des outils pour vous accompagner vers une autre façon de vivre, pour vous faire du bien et pour devenir le maître de votre vie et de vos choix. Il y a aussi des sessions de Kundalini yoga en direct offertes par Odile Chabrillac, Lili Bardery et d'autres professeurs sur Instagram, Facebook qui permettent de s'aligner et de commencer sa journée en paix.

Vous me direz que tout le monde ne peut pas commencer sa journée ainsi... Et pourtant si, mais nous croyons souvent que c'est impossible, que nous n'avons pas le temps, que nous sommes trop fatigués et que chaque seconde de repos compte. C'est notre mental qui nous dit cela et nous retient prisonnier de comportements qui confirment notre impuissance.

La peur dirige nos vies. La peur de manquer d'argent, de sommeil, d'énergie, de courage...

Notre surmoi – ou gardien du seuil, dirait Jung –, cette instance psychique qui nous a permis de survivre depuis notre naissance, s'est construit au fil de nos expériences, de nos observations du monde environnant, de ce que nous ont transmis nos parents, la société, la culture. Tout cela – et aussi l'inconscient collectif du monde dans lequel nous évoluons – a participé à la construction de notre ego et du gardien du seuil. Seuil qui marque la limite de la vie et de la survie, de la folie et de la mort. Le surmoi nous protège dans un premier temps puis nous englue et nous confine dans une « survie » inconfortable et sclérosante.

Avoir le courage d'envoyer balader nos croyances restrictives est donc un acte écologique et un acte de foi en la vie et en notre potentiel.

D'autant que, quand on fait l'essai d'autre chose, d'une façon de vivre et de penser différente, très rapidement nous pouvons observer à quel point nos vies se transforment.

Sortir de nos zones de confort pour mieux les élargir, les embellir est un acte d'amour.

De nombreuses études ont démontré les bienfaits de la méditation et/ou de la cohérence cardiaque dans des domaines très variés.

Les enfants méditant ensemble à l'école quinze minutes tous les matins ont vu leurs comportements se transformer en moins d'un mois. Chez eux, entre eux, à l'école, ils étaient plus calmes, plus joyeux, moins nerveux, plus concentrés, moins agressifs. Leurs résultats scolaires étaient meilleurs, leur image d'eux-mêmes a évolué, leur créativité s'est développée, leur empathie aussi.

Imaginez une société qui apprendrait aux enfants à méditer… Quelle métamorphose cela permettrait !

La même expérience en milieu carcéral a permis d'observer une baisse significative de la violence ou d'utilisation de drogues. Ces séances de méditation agrémentées de séances de partage de parole en groupe ont eu des effets étonnants. Des prisonniers ont décidé d'apprendre un métier, de faire des études, ils ont petit à petit changé de point de vue sur la vie, sur leur vie.

Mais ne perdons pas le fil.

Après avoir médité, je me mets au travail.

Je reçois de moins en moins pour des séances d'accompagnement. Je n'aime plus utiliser des termes comme thérapie, psychothérapie, psychanalyse, car ma pratique est aujourd'hui sans étiquette.

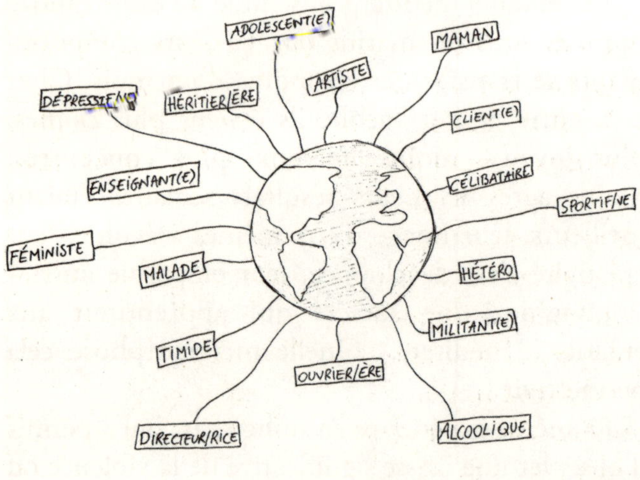

Tout comme je n'utilise plus le terme de patients, clients, etc. Je préfère dire « les personnes que j'accompagne ».

Notre société est rassurée par les étiquettes. Mais les étiquettes sont si limitantes, si enfermantes.

Quand je ne reçois pas, j'écris.

Quand je n'écris pas, je prépare mes prochains projets artistiques ou associatifs.

Vous aurez compris que je n'aime ni les cases ni les restrictions. Nous sommes tous tellement illimités. Quand nous serons nombreux à en faire l'expérience, nous serons de plus en plus à œuvrer pour un monde différent et plus équitable, plus juste pour chacun.

En fin de journée, je prends le temps de cuisiner si je suis chez moi.

J'utilise des produits bios ou sans pesticides. Par respect pour les êtres que j'aime mais aussi par respect pour la planète et pour ne pas contribuer à l'enrichissement des grands groupes alimentaires et d'agrochimie. Je préfère honorer les petits paysans et les

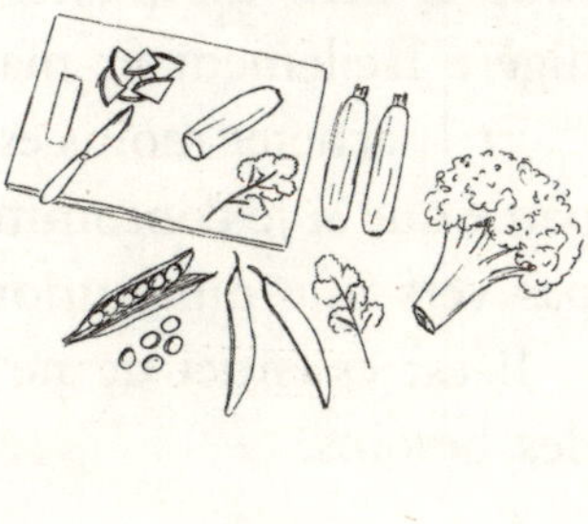

producteurs qui, comme moi, ont choisi de respecter la nature et la vie.

Souvent on me dit qu'acheter bio est cher. Je pense sincèrement que nous avons une vision tronquée de la valeur des produits que nous consommons.

Les grandes surfaces en réduisant de plus en plus les marges des producteurs ont perverti l'ensemble de la chaîne qui va du producteur au consommateur. Cela a aussi déformé notre perception de la valeur des produits de qualité. Je ne pense pas qu'on puisse produire de bons aliments pour très peu d'argent. L'une des actions que je me suis assignée pour la planète était de changer mes habitudes de surconsommation : pour la même somme, j'achète moins mais mieux.

Tout d'abord, c'est plus sain pour ma santé, nous en avons parlé. Mon corps n'a pas besoin de manger autant. Au contraire, plus les repas sont simples mais de qualité, plus mon organisme les digère facilement et ma santé s'en ressent.

Et… acheter moins est plus sain pour la planète parce que si je consomme moins, c'est un premier pas vers une diminution de la production.

Il est essentiel de ne pas créer artificiellement des besoins.

Si je ne suis plus l'esclave inconsciente d'un système, je deviens actrice consciente de ma vie.

Je digresse à nouveau. Ma journée idéale n'est pas finie.

Quand je le peux – que je sois en ville, à la mer, à la montagne –, je termine ma journée par une marche rapide, avec ou sans mes chiens. Ces compagnons à quatre pattes si sensibles, bienveillants et qui me rappellent à chaque instant ce que « amour infini » signifie. Parfois, je dîne avec des amis, je lis, j'écoute de la musique, je regarde un film mais j'avoue ne pas regarder les informations télévisées et peu la télévision de manière générale. Mon compagnon est médecin et rentre souvent très tard. J'éprouve un immense plaisir à l'accueillir avec des plats cuisinés avec amour.

Avant de m'endormir, je médite à nouveau, même si c'est pour un temps très court. Je remercie la vie, les êtres que j'ai rencontrés au fil de ma journée, car, nous le disions, chacun est un miroir qui me permet d'évoluer.

Et vous, comment se déroule votre journée idéale ?

Qu'aimeriez-vous changer pour pouvoir la vivre pleinement et plus régulièrement ?

*

Tous les choix que j'ai faits, que je vous ai détaillés participent à mon cheminement.

Imaginez juste un instant les conséquences de mes choix sur le reste du monde.

En achetant moins mais de meilleure qualité, j'améliore mon quotidien et ma santé.

En achetant auprès de petits producteurs, je soutiens une économie plus saine, meilleure pour la planète, aidante pour des familles entières. Je participe également, à ma petite échelle, à lutter contre la dictature de lobbies puissants. Il en est de même en n'achetant plus de vêtements bon marché, fabriqués dans des conditions miséreuses et souvent imbibés de produits toxiques.

J'achète moins souvent et des produits de qualité qui dureront plus longtemps et seront fabriqués sainement et dignement.

Certes, mon action peut vous sembler dérisoire. Mais, comme en toute chose, si personne n'agit, si chacun considère que c'est inutile, alors rien n'évolue.

Je suis une pierre de l'édifice.

Je suis un maillon.

Je suis actrice du changement.

Chacun peut le faire à la hauteur de ses moyens, de ses capacités, de ses convictions.

Nous pouvons changer le monde et le rendre meilleur pour tous.

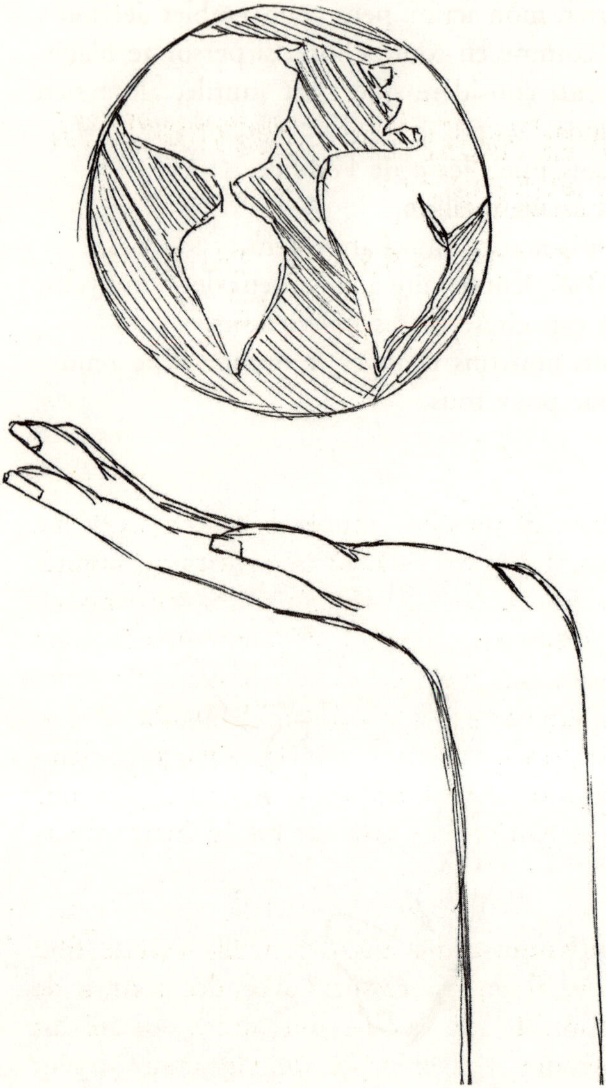

LA RÉVOLUTION CONSTRUCTIVE EN MARCHE :

ILS SONT PASSÉS DU RÊVE À LA RÉALITÉ

À force de me poser toutes ces questions, de me documenter et de réfléchir aux autres possibilités de vivre et d'être, j'ai découvert des centaines de milliers de *rêveurs* qui ont déjà entrepris de créer une autre façon de vivre, grâce à ces petits actes du quotidien qui font évoluer l'ensemble.

Alors, si vous manquez d'imagination pour changer vos vies, voici quelques sources d'inspiration.

La révolution constructive est en marche partout !

Guillaume a dix ans. Il est allé voir le film *Demain*. Il en est ressorti avec des tonnes de questions. Il lui semble que notre société est incohérente. Par exemple, on dit dans le film que les écrans publicitaires installés dans le métro consomment autant d'énergie que deux familles de six personnes. Il a semblé aberrant à ce jeune garçon que la RATP conserve ces écrans. Il a créé une pétition sur Internet et a recueilli plus de 11 000 signatures… À dix ans, il a participé, à sa façon, à un mouvement citoyen.

Magalie a rencontré **Sophie** lors d'une soirée entre amis.

Sophie est très « branchée » économie verte, écologie, etc. Au début, Magalie est un peu goguenarde en entendant Sophie. Mais plus elle l'écoute, plus elle comprend que les choix de celle-ci ont du sens. Sophie se bat pour que l'école devienne un lieu de respect de l'individualité de chaque enfant. Elle est persuadée que les méthodes proches de Montessori peuvent créer des adultes plus engagés dans la vie et plus heureux, car plus connectés à ce qu'ils sont vraiment et à leurs talents propres et donc à ce qu'ils peuvent réellement apporter à la société. Elle plaide pour une école qui permet de dévoiler ces talents et qui ne formate pas.

Sophie est aussi très impliquée dans l'écologie urbaine. Elle a créé des espaces verts en ville où chacun peut planter et cueillir des herbes aromatiques, des légumes. Elle habite Paris, mais elle a persuadé les élus de son arrondissement de

transformer des parties importantes de squares en jardins potagers accessibles à tous.

Magalie n'a pas pu rester les bras ballants. L'exemple de Sophie lui a donné des ailes. Elle a réfléchi et a proposé à ses copropriétaires de créer un mur de verdure dans la cour de leur immeuble, qui permettrait à tous les habitants de pouvoir planter et cueillir des légumes et plantes aromatiques. Un an plus tard, un incroyable potager mural offre ses produits à toute la copropriété et c'est une joie immense. Magalie a aussi appris à recycler intelligemment ses déchets et s'est décidée à ne plus acheter des produits dont les emballages sont trop importants.

Elle a organisé chez elle et dans sa copropriété un recyclage très spécifique qui permet à des jardiniers de venir chaque semaine chercher les déchets organiques et de les utiliser comme engrais après en avoir fait du compost. Grâce à elle, la copropriété a aussi baissé sa facture d'électricité, car ils ont réglé les minuteries des espaces communs autrement et ils ont changé la programmation de l'ascenseur qui redescendait au rez-de-chaussée après chaque utilisation.

Nathalie était déjà probio mais depuis peu, elle a découvert que même les produits bios pouvaient être composés d'huile de palme. Or, les cultures d'huile de palme détruisent les forêts primaires à une vitesse effrayante. Et ces forêts primaires sont non seulement la mémoire du vivant mais aussi les poumons qui permettent aux êtres vivants de survivre. Elle a décidé de fabriquer elle-même sa lessive.

Martin décide de ne plus utiliser d'emballages et va faire ses courses avec des Tupperware, c'est en se moquant d'une amie qui agissait ainsi, inspirée par des lectures comme *Zéro déchet*[1], qu'il a eu le déclic.

Jérôme est cinéaste et, depuis plusieurs années, il n'utilise que du bicarbonate de soude pour faire sa lessive. Il met dans le compartiment réservé à la poudre deux petites cuillères à café de bicarbonate et une ou deux gouttes d'huile essentielle de lavande. Il fait la même chose pour son lave-vaisselle. Depuis peu, il a encore fait évoluer sa façon de fonctionner et il a acheté des Gargouilles fabriquées avec le plastique récupéré dans les océans et recyclé (et qui

1. Béa Johnson, J'ai lu, 2015.

n'ont rien à voir avec les boules de lavages dont elles sont inspirées). Ces petites sphères peuvent être utilisées 1 500 fois, soit quatre ans de lavage pour un couple ou une personne seule. Chaque Gargouille représente 300 g de déchets plastiques réutilisés. Grâce à sa démarche, il participe à la protection des coraux, à la préservation des sols, de la faune, de la flore et il réduit l'acidification des océans. Toute lessive, biologique ou pas, a un impact néfaste sur les écosystèmes.

Jules a décidé que toute la famille se passerait de bains en découvrant que l'eau allait être, dans les années à venir, une denrée rare, précieuse, coûteuse. Il a décidé de la consommer en conscience. Aussi a-t-il réuni sa petite famille et il leur a expliqué sa démarche. Ne plus prendre de bains mais des douches, acheter un pommeau qui permet de réduire de 40 % leur consommation.

La famille a également décidé de ne plus utiliser le lave-vaisselle qui consomme trop d'eau. À présent, chacun fait la vaisselle à tour de rôle et cela recrée des liens, car ils se parlent. Ils ont aussi choisi de récolter de l'eau de pluie pour arroser les plantes.

Mais leur bien-être n'est pas oublié : chaque membre de la famille a la possibilité de prendre un bain par mois pour se détendre, se faire plaisir.

Il ne s'agit pas de se priver. Il s'agit de choisir en ayant conscience de la valeur des choses et en savourant la chance que nous avons sans la considérer comme un acquis immuable.

J.-B. est stressé par les transports en commun et n'a donc pas envie de se passer de sa voiture. Il n'aime pas non plus prendre son vélo en ville, trouvant cela dangereux. Son premier pas a été de choisir une voiture hybride. Il est conscient que c'est un compromis. Mais c'est un début qui n'entrave pas son bien-être actuel.

À côté de cela, il a réduit sa consommation de viande et de poisson. Il n'en mange plus qu'une fois par semaine, conscient que la « production » de viande est un des principaux facteurs du changement climatique et que la surpêche détruit nos océans en bousculant profondément les cycles de reproduction. Il a aussi compris que sans vie dans nos océans, l'humanité disparaît, puisque l'océan est un écosystème à part entière

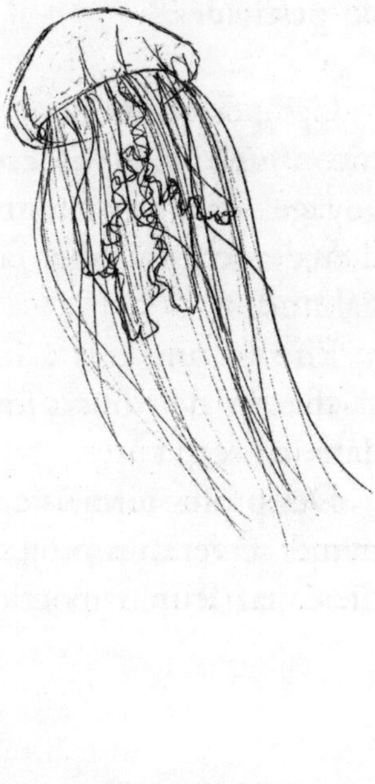

qui a sa fonction dans la vie de la planète. Là aussi, il fait sa part.

Il trie ses déchets et achète ses fruits et légumes en circuit court auprès de petits producteurs qui se sont regroupés. Ils n'ont pas le label bio – le cahier des charges « bios » étant très contraignant, voire trop pour certains petits paysans – qui travaillent pourtant la terre respectueusement. Ils se sont engagés à ne pas utiliser d'engrais chimiques, ni de pesticides.

Ces personnes sont nos voisins, nos amis, les inconnus que nous croisons dans la rue ou en voyage. Ils ne militent pas, ils agissent. Chacun d'eux a choisi une façon de faire évoluer ses habitudes.

Encore une fois : imaginez ce qui changerait si chacun de nous s'imposait cinq actions allant dans ce sens ?

Des professionnels aussi s'engagent. Et des anonymes servent un projet plus grand qu'eux-mêmes, dicté par leur conviction profonde.

Ils n'ont pas choisi la facilité mais leurs efforts ont payé.

Dans le **Pas-de-Calais**, des paysans, courageux et passionnés, ont décidé de se battre à leur manière contre l'agrochimie, l'agroalimentaire conventionnel et, donc, de grands groupes comme Monsanto et ses semences génétiquement modifiées qui ruinent tant de petits paysans de par le monde ou qui sont à l'origine de farines vides de nutriments et pleines de pesticides.

Ces paysans déterminés ont choisi de réutiliser des semences de blés anciens – et donc biologiques par essence. Du champ à la boulangerie, en passant par la meule, ils ont redonné vie à toute une filière. Inspirés par Pierre Rabhi et par la réussite des paysans burkinabés que celui-ci a conseillés et soutenus, nos paysans français du Pas-de-Calais ont triplé rapidement leur rendement en utilisant la traction animale dans leurs champs, le compost, une gestion cohérente de l'eau, et surtout en s'appliquant à réenrichir la terre de façon naturelle.

Ils n'utilisent aucun herbicide, les blés anciens sont hauts – jusqu'à 170 cm – et étouffent les mauvaises herbes que le soleil ne peut atteindre de ses rayons. Ensuite, une fois le blé récolté, ils

font de l'humus avec la paille. Ils ont aussi adopté la technique de l'agroforesterie. Une rangée d'arbres – une fois arrivés à maturité, ils seront destinés à l'ébénisterie ou au bois de chauffage et seront donc source de revenus futurs et complémentaires – borde leurs champs. La rangée est chaque fois mitoyenne d'une haie champêtre. Arbres et haies s'allient pour protéger les blés du vent mais aussi des pesticides utilisés par les agriculteurs conventionnels des environs. Ils sont aussi des habitats pour la faune. De plus, au fil des ans, les arbres perdent leurs feuilles chaque automne et nourrissent la terre comme dans les forêts. Ils produisent moitié moins que les agriculteurs conventionnels utilisant le blé moderne et modifié mais peu leur importe, car leur priorité est de redonner « vie » à la terre afin d'offrir aux consommateurs des aliments sains et riches en nutriments contrairement au blé moderne. Ils ont à cœur d'honorer les êtres vivants.

Dans le même esprit, **Adriano** a ouvert sa boulangerie dans le quartier de Ménilmontant à Paris.

Le problème ? Il a ouvert quelques jours avant le premier confinement lié à la COVID19. Mais cela ne l'a pas découragé. Son pain est fabriqué avec une farine sicilienne de blé ancien qui n'a pas été modifié depuis cent trente ans. Il fait son levain lui-même et sa farine n'est jamais moulue plus d'une semaine avant d'être utilisée. Donc, elle est toujours vivante et riche de nutriments. Il fait son pain avec amour pour offrir un produit de qualité exceptionnelle à ses clients. Il a dû être très inventif et adaptable pour que son commerce ne disparaisse pas à cause de l'incidence économique du confinement. Ce qui l'a aidé ? Son sourire, son enthousiasme et surtout la qualité de ce qu'il offre. En travaillant avec des produits non modifiés et bio, en faisant les livraisons dans les points de vente à vélo, il participe à ce mouvement mondial qui veut créer un monde plus cohérent et moins destructeur du vivant.

Thierry Marx ne se contente pas d'être un excellent grand chef cuisinier et d'utiliser de bons, très bons produits, il choisit ses ingrédients pour qu'ils fassent du bien aux gens tant gustativement que qualitativement. Il est très impliqué socialement. Il est issu des banlieues parisiennes et il a côtoyé la misère sociale. Il a fait tous les petits métiers avant de devenir un grand chef. Depuis 2002, il intervient en milieu carcéral pour y transmettre son savoir-faire. Il aide à la formation des détenus, à leur reconversion et à leur réhabilitation. Il démontre ainsi que changer de vie est possible. Il enseigne le judo et d'autres arts martiaux et il propose aux équipes avec lesquelles il travaille la pratique du tai-chi-chuan pour lutter contre le stress et créer du lien. Il a inventé et offert des recettes pour les Restos du cœur. En 2012, il a ouvert une formation gratuite aux métiers de la restauration destinée aux jeunes sans diplôme et aux personnes en réinsertion. Il est presque végétarien et privilégie les circuits courts pour tout ce qu'il entreprend. À sa façon, il fait évoluer le monde.

Hugues Pouget est pâtissier-chocolatier. Il n'utilise que des produits de saison, bio ou assimilés. Les fraises, myrtilles et framboises qu'ils utilisent pour ses créations pâtissières proviennent de son potager. Il est très attentif à la qualité et à la provenance des produits qu'il utilise. Ses créations sont exemptes de conservateur, de colorant et il a créé des gâteaux vegan. Pour lui, offrir le meilleur à ses clients est une question d'éthique.

Dans les **Alpes-Maritimes**, un petit bourg produit légumes et fruits bios. L'intention ? Servir de « bons » repas dans les cantines de la commune. Cette bourgade sert chaque jour 1 000 repas bios dans les trois écoles qu'elle gère. Acheter bio coûte cher, qu'à cela ne tienne, les élus ont décidé de produire. La commune n'avait pas de terrain, elle en a acquis un. Et pour payer le surcoût de départ, elle réduit les gaspillages à tous niveaux. Résultat, des repas de qualité qui ne coûtent pas plus cher qu'ailleurs et un exemple à suivre.

En Afrique, **Yacouba** vit au Burkina Faso. Il y a quarante ans, il a décidé d'arrêter la progression du désert. Il a commencé à travailler la terre en pleine saison sèche, quand rien ne pousse, qu'elle est dure comme de la pierre… Au village tout le monde l'a traité de fou. Mais n'écoutant que son intuition, il a continué.

Pour lui, c'était une évidence : avant le retour de la saison des pluies, il fallait travailler la terre pour aérer le sol et lui permettre ainsi d'absorber l'eau. Il a creusé des trous qu'il a remplis de fumier et de détritus. Ces trous ont attiré la vie, des insectes dont les termites qui ont creusé des tunnels. Grâce à cette coopération entre l'humain et l'animal, l'eau de pluie est restée en partie dans les tunnels souterrains et a irrigué la terre. Il a aussi construit des murets et planté des arbres pour retenir l'eau.

Pendant des années, les habitants de son village se sont moqués de lui, mais au fil du temps, la vie et la nature ont prospéré. Les arbres et les herbes ont poussé. Les oiseaux sont revenus et ont apporté des graines qui ont donné naissance à d'autres arbres… Aujourd'hui, le désert est devenu une forêt luxuriante.

La forêt de Yacouba a aussi transformé le climat : il règne sur cette partie du territoire un microclimat. Il y fait moins torride, il y a moins de vent, il y a de l'ombre et la nappe phréatique s'est reconstituée. Grâce à tout cela, l'agriculture

est à nouveau possible dans la région et les récoltes sont abondantes. L'expérience menée avec détermination par un seul homme a permis ensuite à d'autres régions du Sahel de redonner vie au désert et d'enrayer les famines à répétition et les sécheresses dévastatrices.

Yacouba a fait confiance à son intuition, malgré les quolibets, il a persévéré. Il a eu foi en l'intelligence du vivant et en la coopération des micro-organismes au service de la vie.

Au Bénin, au Nigéria, en Sierra Leone, au Libéria, des fermes Songhaïs proposent de la nourriture bio et du travail à des centaines de personnes. Ce modèle a été conçu par **Godfrey Nzamujo**, un Afro-américain d'origine nigériane, il est revenu vivre en Afrique pour y développer ce concept plus que rémunérateur et source de développement économique local.

Il a tout « plaqué » pour retrouver ses racines : l'Afrique. Ce continent si riche mais où règne tellement de pauvreté. À son arrivée, le Bénin lui met à disposition un hectare de terrain pour y expérimenter son projet de ferme bio autonome et rémunératrice. Aujourd'hui, cette première ferme s'étend sur 24 hectares, emploie plusieurs centaines de salariés et fonctionne en totale autonomie !

« Rien ne se perd, rien ne se crée. Tout se transforme », dit-il.

Par exemple, la fiente de ses 11 000 poules pondeuses mélangées à des feuilles de jacinthe d'eau est transformée en gaz qui servira à produire de l'électricité pour le générateur de la ferme, mais aussi les cuisines de la ferme qui nourrissent les employés, tous les jours. Et le reste des excréments est transformé en engrais pour les cultures. Quant au métal des bidons ou autres, il est fondu et est transformé en pièces de rechange pour les machines de la ferme. Et parfois, cela permet de recréer de toutes pièces certaines machines. Grâce à cette ferme bio et moderne, Godfray a permis un essor économique étonnant dans la région. D'autres centres se sont développés au Bénin et ailleurs en Afrique. Il a démontré que tout était possible et que travailler en synergie était source de rendement, d'évolution sociale durable, et de respect entre la nature, l'animal et l'humain.

Pour promouvoir son modèle, il ouvre ses portes au public et il reçoit chaque année plus de 20 000 visiteurs, des anonymes et aussi des politiques. Des décideurs africains qui souhaitent importer ce modèle chez eux, puisqu'il est rentable. Les dix-sept fermes existantes génèrent chaque année autour de 7 milliards de francs CFA de chiffre d'affaires et près de 600 millions de bénéfices.

Récemment – pour aller encore plus loin –, Godfrey a créé un laboratoire de transformation d'une partie des récoltes de fruits. La ferme produit maintenant des jus de fruits bios. Et pour rester cohérent, les bouteilles et bouchons sont fabriqués à partir de plastique recyclé sur place. Il a aussi créé une école : la SLA, Songhaï Leadership Academy, qui a pour objectif de former 4 000 jeunes cadres à l'esprit Songhaï. L'idée est d'assurer la pérennité et le développement du groupe. Godfrey est convaincu que son académie va former le *leadership* et les futurs entrepreneurs qui vont « sauver » l'Afrique. Son rêve serait de créer dans tout le continent des villes rurales vertes à l'image de ce qu'il a fait dans sa première ferme. Ce qui n'est pas impossible, car en 2008, Songhaï a été promu centre d'excellence pour l'agriculture par les Nations unies. Godfrey projette de s'implanter dans une dizaine d'autres pays.

La **Suède** a compris depuis longtemps que le modèle économique actuel est obsolète. Et le gouvernement encourage et soutient les actions et idées des citoyens qui s'engagent pour plus de respect de la planète et pour moins de gaspillage. 99 % des déchets ménagers sont recyclés ou réutilisés pour produire de l'énergie. Les recycleries ont remplacé beaucoup de déchetteries. Il y en a partout et le « *upclycling* » – créer à partir de rebuts – est très à la mode. En France, il y a de plus en plus de recycleries mais les gens n'ont pas encore le réflexe d'aller d'abord à la recyclerie. En Suède, c'est devenu une habitude de vie.

À Saintes, en Charente-Maritime, un ingénieur fabrique les premières bouteilles 100 % végétales. **Nicolas** est la première personne dans le monde à lancer le concept des bouteilles fabriquées à partir de canne à sucre ou encore de noyaux d'olives.

Grâce à un procédé gardé secret, ces bouteilles sont biodégradables et compostables.

Dans l'entrepôt de Nicolas, des centaines de petites éprouvettes en sucre sont placées dans une immense machine en forme de cube. « Les éprouvettes passent dans un four où elles sont chauffées, ensuite elles rentrent dans un moule taillé sur mesure pour obtenir les flacons demandés », explique-t-il. Il suffit d'attendre quelques minutes et des bouteilles 100 % végétales ressortent. Bien sûr, elles ne sont pas composées que de sucre… Mais impossible d'en savoir plus sur la recette des granulés qui lui permettent de produire ses éprouvettes. « La seule chose que je peux vous dire, c'est qu'il y a du sucre, le reste, c'est secret ! Mais tout est naturel. »

Cette année, plus de 2 millions de bouteilles ont été fabriquées à son atelier. Des bouteilles revendues principalement dans des magasins bios. « Si un producteur développe du jus de fruits bio, il préfère que l'emballage soit à la fois bio et bien conditionné. Quant à l'eau, utiliser du plastique pétrochimique pour la conditionner, n'est ce pas incohérent ? », analyse-t-il. Nicolas fabrique également des bouteilles pour l'huile d'olive à base de noyaux d'olives. « En plus d'être compostable, cela permet au consommateur de comprendre qu'il consomme un produit 100 % naturel. »

Aujourd'hui, pour pérenniser son activité, Nicolas doit encore produire des bouteilles en plastique. Elles lui permettent de réaliser un chiffre d'affaires important et donc de financer sa recherche, mais d'ici peu il devrait pouvoir produire uniquement des bouteilles 100 % végétales.

Grégory et Carole ont créé l'une des plus vastes réserves privées de France, interdite aux chasseurs et dédiée à la vie sauvage. Amoureux de la nature, ils se sont lancés en 2014 dans cette aventure incroyable : transformer une propriété abandonnée, à 900 mètres d'altitude, en réserve naturelle.

Ils ont trouvé les 115 hectares sur un site de vente en ligne, tout était à l'abandon depuis quatre ans – le propriétaire était décédé –, il n'y avait pas beaucoup d'oiseaux, il y avait un silence très impressionnant… Quand ils ont vu le corps de ferme et le panorama, ils ont commencé à imaginer ce qu'ils pourraient créer. C'était une vraie folie, car tout était à faire, mais ils ont acheté.

En France, il y a trop peu de réserves naturelles privées. À leurs yeux, la préservation de la faune et de la flore n'est pas qu'une affaire publique et quand on a la chance de posséder une terre, disent-ils, au même titre que certains organisent leur territoire en chasse privée, on peut faire le choix de l'organiser en réserve naturelle privée. Leur but fut de constituer une zone de repos, de régénération pour la nature. Ils ont interdit la chasse sur leur domaine et en quelques années la vie sauvage s'est recréée.

« La propriété était quasi vide au départ », expliquent-ils, « on voyait très peu de lapins, de lièvres, de chevreuils, de chamois. Au fil des années, on en voit de plus en plus, il y a une amélioration. Le domaine constitue un petit espace de repos pour les animaux, qui leur permet de se régénérer, ils ont un endroit pour souffler, d'autant plus que la chasse est très pressante dans la région : elle est autorisée sur la totalité du territoire de la commune [4 400 hectares]. »

En parallèle du développement de la réserve, ils ont créé une « activité agricole centrée sur la culture et la cueillette de plantes aromatiques et médicinales, et principalement, pour l'instant, de lavande ». Leur huile essentielle totalement naturelle se vend bien. À l'avenir, ils aimeraient diversifier leur production. L'idée, c'est de revenir à une ferme à l'ancienne, naturelle, avec du bon sens : le fumier des animaux est utilisé comme engrais pour le potager, les cultures et les arbres, aucun emploi de pesticides, ni de produits chimiques.

Tout est bio, alors ?

Oui et non, car ils n'ont pas demandé l'appellation.

Pourquoi ? parce que, pour eux, le bio, même si c'est un progrès, permet encore beaucoup trop l'utilisation de produits très proches de ceux utilisés en agriculture conventionnelle.

Ils ont le sentiment que le bio, même si c'est très bien représenté en France par des gens sérieux, reste une bannière commerciale qui peut être détournée. Ce qu'ils produisent est donc mieux que le label bio. C'est un engagement radical, au risque de perdre certaines cultures ou certains légumes ou fruits, mais au moins il y a l'assurance à 100 % que rien n'est toxique. Cette propriété n'a pas été cultivée depuis 1940, les sols ont été préservés de tout produit chimique et de toute pollution. Leur objectif est de revenir à la petite ferme autonome et complètement naturelle qui peut nourrir bon nombre de familles dans sa région.

Ici, la nature est reine et l'humain essaye de faire les choses en douceur, sans la brusquer avec des engins. Comme en permaculture, on commence par observer le terrain : l'ensoleillement l'hiver, le climat, les microclimats qu'il peut y avoir sur la propriété. Petit à petit on s'imprègne du lieu pour imaginer ce que l'on va y implanter et où, pour que ça ait une cohérence, que les arbres ne meurent pas si on ne les a pas mis au bon endroit, etc. Ils cherchent aussi à retrouver les chemins ancestraux effacés, grâce à des photographies aériennes en noir et blanc de 1934, auxquelles l'accès est facilité grâce la page « remonter

le temps » de l'IGN (Institut géographique national). Cet outil numérique leur a permis de s'apercevoir qu'il y avait énormément de chemins disparus. En se questionnant, quels points étaient reliés par ces chemins ? Ils ont découvert des sources, des carrières, des endroits où très probablement on allait chercher du bois, où on produisait du charbon…

Grégory et Carole ont fait de leur rêve une réalité. Ils vivent de leurs récoltes et partagent leur expérience et leur savoir avec les visiteurs qui s'intéressent à leur projet. Ils espèrent que d'autres auront envie de créer des oasis de repos pour les animaux et de pure nature – sans aucuns pesticides, etc. – dans d'autres lieux de France, d'Europe et du monde. Ils sont persuadés que nous seuls pouvons construire le monde dont nous rêvons.

De nombreuses associations œuvrent pour l'éducation des enfants les plus pauvres ou trop éloignés des écoles, comme les associations Sur le chemin de l'école – qui a été créée suite au succès du documentaire du même nom (qui a remporté de nombreux prix) –, Toutes à l'école – qui scolarise les petites filles très pauvres au Cambodge –, ou Racines d'enfance – qui construit des écoles au Sénégal ainsi que des potagers pour chacune afin de bien nourrir les élèves en plus de l'éducation apportée. Ces associations et bien d'autres donnent à des enfants, qui seront les adultes de demain, un accès à l'éducation. Or, l'un des grands enjeux de la crise mondiale et de la crise climatique est la surpopulation et il a été démontré que plus un adulte est éduqué moins il donne naissance à de nombreux enfants. Les chercheurs ont notamment observé dans une étude parue dans *Science* en 2011 que l'éducation des femmes permet de réduire énormément le taux des naissances et plus encore si les jeunes filles étudient jusqu'au baccalauréat, voire si elles vont à l'université ou sont formées à un métier. Ces nombreuses associations de par le monde ont donc un impact important.

Virginie et **Jules** vivent dans les Alpes, ils ont deux enfants et un troupeau de chèvres peu important dont 3 boucs et 17 chèvres en retraite. Ils produisent du fromage bio. Leurs chèvres ne sont pas inséminées, elles se reproduisent naturellement. Une moitié du cheptel de chèvres possiblement gestantes se reproduit les années paires et l'autre moitié les

années impaires. Chaque chèvre donne naissance un an sur deux. Les petits ne sont pas enlevés à leur mère. Une tétée sur deux, ils sont nourris au biberon et les petits mâles ne sont pas envoyés à l'abattoir pour être transformés en viande pour chiens. Les 17 biquettes à la retraite vont brouter dans les municipalités ou chez des particuliers qui ont besoin de nettoyer des surfaces végétales. C'est moins bruyant qu'une tondeuse et plus écologique ! Virginie et Jules passent huit mois par an dans les alpages et vivent avec leurs chèvres. « Pas de problème de loup », disent-ils, « car le loup fuit l'odeur de l'homme et nos patous font bien leur boulot. » Ils ne gagnent pas des fortunes mais se disent heureux de cette vie qu'ils ont choisie. Belle coopération entre l'homme et l'animal dans cet élevage à taille humaine.

Édouard Bergeron, réalisateur du film *Au nom de la Terre* qui retrace l'histoire de son père, éleveur et agriculteur, a créé une chaîne de télévision avec Guillaune Canet qui joue le rôle du père d'Édouard dans le film. Les deux artistes et complices ont lancé « CultivonsNous.tv », une chaîne dédiée au travail et à la vie des agriculteurs, ainsi qu'à la défense de l'environnement. Cette chaîne n'existe que sur le Web pour l'instant et propose des documentaires et des portraits. La parole est donnée aux agriculteurs afin d'instruire les consommateurs. L'objectif est de mettre en lumière ceux qui nous nourrissent en offrant un contenu varié, sélectionné méticuleusement par Édouard Bergeron.

Cédric, un ami chirurgien à Paris, père de trois enfants, a créé avec son frère et quelques partenaires engagés un compte Instagram (@wehaveawish) et un site Internet WHAW – www.wehaveawish.com pour participer à ce mouvement mondial de création d'un monde plus cohérent et plus respectueux du vivant, L'objectif est d'informer positivement par des *news* quotidiennes artistiquement illustrées et d'attirer l'attention sur les initiatives et les projets qui vont dans le sens d'un monde meilleur. WHAW permet aussi de générer des dons « gratuits » en ligne pour différentes ONG ou associations impliquées dans la préservation de notre planète ou qui aident les enfants. WHAW a ainsi l'objectif d'être un « influenceur » qui comptera aussi bien pour informer positivement la planète qu'aider à l'améliorer.

Elliott a créé l'application *90 jours* qui nous propose d'apprendre à acquérir au fil des jours des gestes simples et envisageables par tous pour accompagner la transition écologique. C'est un peu l'idée de « Comment devenir écolo pour les nuls ». On télécharge l'application, on s'inscrit et on commence à relever des défis. C'est simple et très instructif.

Basile Laigre a vingt-six ans et est écologiste de cœur. Il pose des actes quotidiens pour être en harmonie avec ses valeurs personnelles. Mais, après des études de commerce, il est allé plus loin dans ses choix écologiques et il a créé Reglo, une petite entreprise qui propose des croquettes pour chien à base d'insectes. Pour Basile, il était important de réduire l'impact de l'alimentation de nos compagnons sur le changement climatique. Quand on sait que pour une même quantité de nourriture – et à qualité nutritionnelle égale –, on utilise 200 litres de moins d'eau par kilo pour produire des insectes que pour produire de la viande de bœuf… On comprend vite que son choix est le meilleur.

Sandra a dix-huit ans. Elle veut devenir médecin. Son but n'est pas le statut social. Son but est d'aider les populations les plus pauvres, qui manquent de tout, à pouvoir vivre sainement et ainsi tenter d'éviter les maladies et les épidémies. Elle veut devenir médecin pour faire de la prévention dans les régions les plus en difficultés. Prévention en matière d'hygiène, de nourriture, d'eau. Elle a l'idée de créer une association qui pourra fournir dans les régions très sèches des capteurs qui recueillent l'humidité de l'air la nuit et la transforment en eau. Elle m'a dit : « Quand tu avais mon âge, ça t'a traversé l'esprit que tu ferais peut-être partie de la dernière génération d'humains ? » Sa question m'a laissée sans voix. Non, jamais, à son âge, je n'avais eu ce genre de pensées et pourtant, je ne peux que comprendre qu'elle et ses amis aient cette crainte. Alors, ils sont nombreux, comme elle, à avoir choisi de vivre différemment et de ne pas être centrés uniquement sur leurs besoins. Je veux dire sur eux-mêmes, sans penser aux conséquences de leurs choix sur leur environnement et au-delà. Lorsque j'ai ensuite demandé à Sandra : « Mais toi, ta vie ? Tu n'as pas de rêves pour toi ? d'objectifs ? Tu n'as pas envie de faire des voyages ? Tu n'as pas de passions à faire vivre ? » Ce qui animait beaucoup de mes amis quand j'avais son âge ! Elle m'a regardée longuement en silence puis m'a dit : « J'ai pas le temps pour tout ça. On se revoit mercredi prochain et tu comprendras mieux. »

Le mercredi suivant, elle m'a donné rendez-vous dans une salle du XIe arrondissement de Paris. Il y avait là entre 80 et 100 jeunes adultes de seize à vingt-trois ans. Ils avaient mis en place une vraie organisation. Ils avaient prévu des micros, une sonorisation. Tous étaient venus avec des coussins. Ils se sont assis en formant un grand cercle. Je lui ai demandé pourquoi ils se réunissaient. Elle m'a répondu : « Aujourd'hui, c'est pour toi ! Pour que tu comprennes vraiment. Tu écris un livre non ? Tu rencontres des gens qui veulent faire évoluer ce monde. » Et j'ai assisté à une soirée d'échanges incroyables. J'ai découvert que Sandra n'était pas un cas isolé. Toutes les personnes rassemblées étaient persuadées que si elles ne changeaient pas radicalement leurs comportements, si elles ne s'engageaient pas « pour le monde », l'humanité disparaîtrait d'ici une génération, voire deux. Ils m'ont posé des questions et j'ai répondu le plus sincèrement possible. Oui, j'avais vécu longtemps sans avoir conscience de l'impact global de mes actes, même les plus anodins. Oui, mes parents et mes grands-parents – comme les leurs sûrement – avaient vécu après la guerre de façon « inconsciente » pensant que les ressources de la planète étaient inépuisables. Oui, la mondialisation, Internet et la modernisation de la vie sont d'immenses avantages, qui a aussi des limites et des conséquences néfastes. Oui, c'est difficile de changer ses habitudes de vie, etc.

Et puis, Ils ne m'ont plus posé de questions, mais ils se sont exprimés et j'ai découvert que cette jeunesse était incroyablement « responsable », cohérente, intelligente, généreuse, créative et… passionnée par le vivant et la possibilité de préserver la beauté et la vie sur notre si belle planète. J'ai découvert qu'ils n'avaient pas envie de nous blâmer de nos manques de conscience mais qu'ils avaient envie de nous entraîner dans leur mouvement d'évolution. Ils étaient conscients que le moment était grave mais ils ne voulaient pas baisser les bras et tous, absolument tous, étaient engagés, chacun à sa façon. Tous faisaient l'éducation de leurs parents. De 80 à 100 personnes, ce n'est rien à l'échelle d'un pays, d'un continent et du monde mais je suis certaine qu'ils sont des milliers, des centaines de milliers partout sur la planète et ceux qui ne font pas encore partie de ce mouvement de fond, c'est uniquement car ils manquent d'informations sur l'urgence… Alors, n'hésitons pas à informer et ne minimisons pas la réalité.

À Mumbai, en Inde, un couple – **Siddharth et Suchi Jaiswal** – a découvert que les anciens uniformes de l'armée étaient jetés et parfois utilisés par des malfaiteurs déguisés en soldats pour commettre des actions illégales. Siddharth et Suchi ont eu l'idée de fonder Sepoi, en 2018, une organisation qui crée des sacs design à partir de vieux uniformes. Le nom Sepoi est dérivé du mot qui signifie « soldat » en hindi. Ils recueillent les uniformes de l'armée auprès des familles, des amis contre de petites sommes qui aident les plus démunis et ils créent des sacs. En plus d'empêcher que des tonnes de déchets supplémentaires n'aillent polluer les sites d'enfouissement, les artisans de Sepoi partagent 15 % de leurs profits avec les ONG activent auprès des femmes veuves de soldats ou d'anciens soldats et les vétérans de l'armée.

Toujours en Inde, les mégapoles génèrent des milliers de tonnes de déchets chaque jour. **Monisha Narke**, maman de deux enfants et très concernée par l'écologie, a eu l'idée géniale de recycler les emballages pour en faire des bancs d'école, des bacs de stockage et des chaises pour les écoliers. Monisha est originaire du Gujrat, région autrefois verte, luxuriante et propre et qui s'est transformée, en deux décennies en une contrée étouffée par la pollution. Elle a décidé de fonder RUR, une entreprise qui recycle des emballages tétra pour en faire des meubles durables et potentiellement dégradables. Son équipe a recyclé à ce jour, plus de 3,2 millions d'emballages tétra et a fait don de 250 bancs à des écoles pour enfants pauvres. Monisha privilégie le recrutement des personnes les moins privilégiées.

Toujours en Inde, **Roshan Ray** a découvert en mars 2020 que l'OMS prévoyait que le monde entier aurait besoin de 89 millions de masques médicaux à usage unique chaque mois en raison de la pandémie. Masques qui représentent un drame écologique car on en retrouve dans les océans, les rivières et les décharges. Depuis, les ramasseurs de déchets indiens se sont plaints parce que les gens mélangeaient ces matériaux avec d'autres déchets. Grâce à son entreprise, *Seeding Man of India*,

Roshan a converti les déchets des trousses d'EPI en pâte de papier. Il a incorporé dans ce papier recyclé des semences diverses. Ainsi, une fois que le papier a rempli son office, il peut être planté et donne naissance à des herbes, les légumes ou les fleurs. Pour Roshan, son travail ne se limite pas à promouvoir le recyclage, il espère encourager les gens à penser différemment le monde.

À New York, environ 3,9 millions de tonnes d'aliments gaspillés sont enfouis chaque année. En se désagrégeant, ils produisent massivement du méthane[1]. Consciente de ce problème, **Amanda Weeks** a décidé de réutiliser les sucres et les acides présents dans les déchets alimentaires et de les transformer en nettoyant tout usage. Elle a créé Veles (@velesofficial), un nettoyant révolutionnaire composé de deux choses : de l'eau et des déchets alimentaires. Grâce à un processus de fermentation acide, elle transforme les déchets de la ville en ingrédients clés : l'eau, l'acide lactique, l'acide acétique que

1. Source : *Industrial Economics, Inc.*

l'on retrouve aussi dans le vinaigre. Veles est constitué de 97 % d'ingrédients issus de cette fermentation et les 3 % restants sont des huiles essentielles. Les contenants sont fabriqués à base d'aluminium recyclable provenant des États-Unis et sont réutilisables.

Le café conventionnel est l'un des aliments les plus traités chimiquement dans le monde. Saviez-vous que plus de 1 000 kg de produits chimiques (engrais de synthèse, de pesticides, d'herbicides, de fongicides) sont utilisés par hectare de champs de café conventionnels[1]. **Nina et John** vivent à Hawaï et ils ont créé Just Eat Real Food (Jerf). Ils ont mis au point un café 100 % biologique certifié par l'USDA qui garantit que les produits sont sans pesticides et sans OGM. De plus, le café de Nina et John est contenu dans un emballage certifié « compostable à la maison » par Econic Packaging en Nouvelle-Zélande. Les emballages Jerf peuvent être jetés à la poubelle ou dans le bac à compost de votre

1. Source : Longevity Warehouse.

maison. Ils disparaîtront complètement après quatorze semaines. Pour produire leur café, John et Nina ont également établi un partenariat avec One Tree Planted, un organisme sans but lucratif qui plante des arbres partout dans le monde. Pour chaque paquet de café Jerf vendu, un arbre est planté. Leur projet est d'en planter au moins 1 million d'ici 2030.

Moisés Hernández et six étudiants de l'Institut Technologique de Monterrey au Mexique, ont créé des lampes solaires à faible coût qui pourraient répondre aux besoins de près de 7 millions de personnes vivant dans des zones rurales isolées sans électricité. Et ces lampes sont produites à base de déchets végétaux

À l'échelle mondiale, plus de 6 000 enfants meurent chaque jour de maladies dont l'origine est une eau non potable et plus de 160 millions de personnes souffrent de malnutrition liée à l'eau insalubre. Grâce à **Mikkel**, un Américain de Baltimore, des millions de personnes pourraient avoir accès à de l'eau potable. Mikkel, P.D.G. de Vestergaard, a développé LifeStraws (@lifestraw), un système de purification d'eau. Il s'agit d'une espèce de paille qui utilise des microfibres creuses qui peut éliminer 99,999 % des virus, 99,999999 % des bactéries (y compris E. coli), 99,999 % des parasites et 99,999 % des microplastiques. Pour l'utiliser, il suffit de mettre une extrémité de la paille dans l'eau insalubre et de l'aspirer. L'eau non filtrée entre d'un côté, l'eau propre en sort de l'autre. Ce filtre s'utilise sans piles. Une paille « LifeStraw » peut filtrer 1 000 litres. Ce qui équivaut à la consommation moyenne une personne pour an. Dans de nombreux pays d'Afrique ou d'Asie, seul 10 % de la population ont accès à l'eau potable. Les 90 % restants font bouillir l'eau non filtrée ou boivent de l'eau contaminée. En 2011, près de 900 000 « LifeStraws » ont été offertes. L'utilisation courante de « LifeStraws » permettrait non seulement de réduire les maladies d'origine hydrique, mais aussi les émissions de carbone liées à l'utilisation du bois de chauffage.

Des millions de personnes dans le monde utilisent des élastiques pour cheveux, qui sont fabriqués avec du caoutchouc synthétique et du plastique. Ces élastiques sont une vraie nuisance environnementale. **Jamie Sherwood**, un Américain de New York a conçu des élastiques 100% végétaux et biodégradables. Ils sont plus épais, plus solides et donc plus économiques. Depuis leur création, ils ont permis à 500 000 personnes de passer au « zéro déchet » dans ce secteur.

Élise est acupunctrice et a une formation en médecine chinoise. Quand le conflit syrien a commencé en 2011, elle était bouleversée. Quelques mois plus tard, alors que les camps de réfugiés se remplissent en Irak et que les yézidis fuient Daech, elle décide de partir avec ses aiguilles et d'aller apporter son aide sur place. Fille d'Arméniens déportés et massacrés par la Turquie cent ans plutôt, elle ne peut accepter ce qui se passe en Syrie. Après plusieurs allers-retours, elle organise une collecte et avec les gains, elle repart avec des aiguilles par milliers et des médicaments. Sur place, dans les camps, elle recherche les pharmaciens, les médecins, les infirmiers, les psychologues. Elle leur enseigne les bases de l'acupuncture. Elle redonne du sens à leur vie en leur permettant ainsi d'exercer leur métier, de soigner, et de retrouver leur dignité et du sens à la vie. En Europe, elle collecte encore de l'argent et revient en Irak avec un bus transformé en dispensaire mobile. Aujourd'hui, son association s'appelle EliseCare et trois dispensaires mobiles viennent en aide aux populations ainsi que deux cliniques construites dans les camps de réfugiés.

Pendant la pandémie, elle a proposé une plateforme Internet sur laquelle le personnel soignant, à bout de souffle, pouvait être mis en contact avec des thérapeutes en visio-conférence et gracieusement.

Des personnes comme Élise, il y en a partout dans le monde. Certain viennent en aide aux réfugiés, d'autres aux animaux, d'autres défendent les forêts primaires, d'autres encore accueillent les sans-abri, etc. L'humain peut être tellement généreux et créateur du meilleur quand il met son intelligence au service de l'ensemble.

Nous savons aujourd'hui que les vingt années à venir vont être primordiales pour notre planète et, donc, pour l'humanité. Nous ne pouvons plus nier que le changement climatique va bousculer nos habitudes de vie, nos cultures, que des flux migratoires peuvent avoir lieu, car certaines régions risquent de se transformer du tout au tout d'ici quelques années.

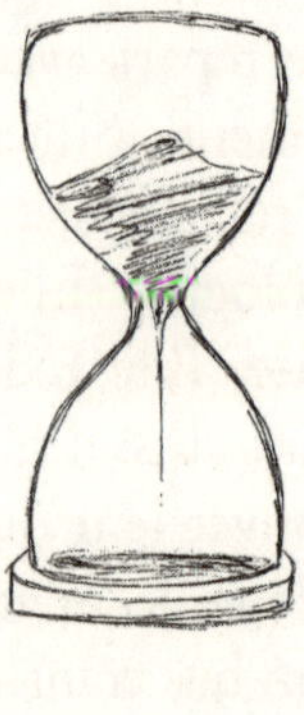

Nier cela est de l'ordre de la folie. Aussi par amour, par respect pouvons-nous nous préparer, nous poser les bonnes questions et surtout construire un monde plus solidaire et plus adapter à cette autre réalité. Sans cette remise en question profonde de nous-mêmes, de nos habitudes de vie et de nos conditionnements, nous prenons le risque d'être submergés par notre environnement naturel. La nature, la planète sont des entités vivantes qui s'adaptent depuis des millions d'années et elles continueront à exister tant que notre soleil brillera

En revanche, nous, les humains et les autres espèces vivantes qui peuplent cette planète sublime, nous risquons de disparaître, car UNE espèce se sera illusionnée et aura eu la vanité de croire qu'elle était supérieure.

Cette espèce… C'est vous, c'est nous, eux et moi.

Alors, plutôt que de croire à notre impuissance face à cet avenir potentiel ou de nous illusionner en niant l'influence de nos choix ou dénis, apprenons à changer de regard, à nous entraider, à nous responsabiliser, dans le sens anglo-saxon du terme = « développer notre capacité à créer de nouvelles façons de répondre aux situations que nous avons participé à mettre en place », à respecter la vie et ce qu'elle nous offre, à être moins centrés sur nous-mêmes et nos acquis pour mieux nous respecter, pour inventer une autre façon d'être en relation avec les autres, avec nous-mêmes, avec la vie.

Partout dans le monde des hommes et des femmes ont choisi d'emprunter ce chemin.

Apprenons à vivre autrement, pas moins bien, ni mieux, simplement différemment !

Le contexte n'est plus le même qu'il y a dix ans, trente ans, cinquante ans, cent ans. Nous avons évolué par le passé et nous pouvons encore le faire.

Respecter notre terre mère, accepter que nous avons été créés, au sens premier, par elle, nous permettraient de continuer à y vivre en étant plus conscients de notre réalité.

Nous sommes une espèce parmi d'autres.

Jusqu'à présent, nous nous comportions comme si nous étions séparés du destin de l'ensemble des espèces et des différents règnes qui constituent la planète Terre. Accepter avec humilité qui nous sommes nous permettrait d'évoluer encore.

Sans la Terre et ce qu'elle est, c'est-à-dire les écosystèmes magnifiques et cohérents qu'elle a générés, nous disparaîtrons comme toutes les espèces invasives qui à un moment « T » ont disparu.

L'histoire de notre planète recèle de nombreuses évolutions et involutions de cet ordre.

Pour la préserver, nous pourrions coopérer tous ensemble pour faire évoluer la vie sur terre et ailleurs vers le meilleur.

Vous me trouvez utopiste ? Vous préférez la guerre et les luttes de pouvoir pour la survie ?

D'autres civilisations ont disparu par incapacité à se réinventer.

Et si chacun de nous s'autorisait à accueillir ses peurs les plus profondes, nous pourrions certainement laisser paraître le meilleur de nous-mêmes et obtenir une vraie coopération entre tous et tout.

Conclusion

S'émerveiller… encore et encore

J'espère vous avoir fait découvrir quelques clefs, vous avoir donné envie de rejoindre ce grand mouvement mondial, cette révolution constructive qui invite à ne pas être « contre » ou « pour » mais à œuvrer ENSEMBLE et avec SOI, en tout premier lieu, pour offrir cette cohérence aux autres et au monde.

Sortir du mauvais film proposé depuis l'ère industrielle pour poser des actes qui nous relient à notre réel pouvoir est aujourd'hui plus que vital. Si nous n'accomplissons pas cette révolution, nous disparaîtrons et avec nous les animaux, les végétaux.

Nous l'avons vu, sur notre si belle planète, l'espèce la plus envahissante, la plus destructrice, c'est nous. Nous détruisons, car nous fonctionnons sans conscience, guidés par nos cerveaux reptiliens qui nous invitent à procréer pour perpétuer l'espèce, à étendre nos territoires et à détruire les autres espèces vécues comme nuisibles ou dangereuses, pour subsister. Ces archaïsmes qui constituent tout être vivant, nous avons la possibilité, nous, humains, de les gérer pour préserver la vie…

Et si notre prochain défi était aussi et surtout celui-là ? Arrêter d'envahir le monde et de tuer la vie pour subsister. Et si nous mettions notre magnifique intelligence au service de la préservation de l'intelligence du vivant et donc du bien commun.

Laissons-nous inspirer par ces initiatives incroyables qui naissent partout sur la planète, par les chercheurs qui pensent « préservation de ce qui est », par les peuples premiers, leur infinie sagesse et leurs connaissances innombrables des trésors de la nature. Éduquons les plus pauvres, apprenons-leurs des métiers en lien avec leurs besoins, développons l'agroforesterie et la permaculture partout en encourageant les petites exploitations. Des films comme *Kiss the Ground*, *2040* et *Tout est possible* sont d'utilité publique. Ils nous montrent qu'il suffirait que ce qu'on appelle la « régénération» soit étendue partout sur terre et dans les océans pour qu'en dix à quinze ans, notre planète redevienne un paradis et que nous inversions le drame annoncé tant au niveau du climat, des océans, que de la désertification. Pour cela, il est essentiel que nous n'achetions que des légumes et fruits de proximité et de saison, issus de l'agriculture biologique, de la permaculture et de l'agroforesterie. Que nous mangions moins de viande, voire plus du tout et que ceux, parmi nous, qui en mangent n'achètent que la viande issue d'élevages locaux qui nourrissent leurs animaux aux pâturages et avec du fourrage mais surtout pas avec des farines, du maïs et du soja. Que nous arrêtions de manger du poisson, de vider les océans et que nous soutenions les initiatives qui les revitalisent en créant de la permaculture d'algues qui a pour fonction de capturer le CO_2, de recréer des écosystèmes marins en stoppant la désertification des fonds marins et qui permet aussi de refroidir les océans et donc d'empêcher leur acidification et surtout que la chaleur de l'eau ne produise des cyclones dévastateurs et de plus en plus nombreux. S'il n'y a pas de consommateurs ou beaucoup moins, les élevages intensifs et la pêche industrielle qui saccagent les océans disparaîtront. Cela résoudra aussi le problème des abattoirs dans lesquels les animaux sont tués à la chaîne par rentabilité. Nettoyons les mers du plastic, des filets dérivants véritables pièges et mouroirs pour animaux marins. Incitons les mairies à mettre des terrains à disposition des plus démunis pour produire leurs légumes et leurs fruits. Il y a tant et tant à faire…

Partout et à différents niveaux, des humains conscients des enjeux planétaires œuvrent et coopèrent pour le respect de la vie et de la beauté.

Partout fleurissent des idées folles et concrètes qui peuvent inverser le processus de destruction en marche qui s'accélère à chaque instant.

Partout, il y a des gens comme vous et moi qui font des choix et changent leur façon d'être, car ils ont pris conscience qu'il n'est pas encore trop tard.

Ne nous arrêtons pas parce que nous nous en croyons incapables.

Je ne me lasserai jamais de le répéter : chacun peut agir selon ses possibilités et ses capacités. Il suffit d'agir ENSEMBLE, de fédérer nos talents, nos connaissances, nos générosités.

TOUT ce que nous faisons a un impact. RIEN n'est inutile.

Et si nous étions des millions, puis des milliards à en prendre conscience… demain, un autre monde s'ouvrirait à nous et nous l'inventerions en tenant compte des spécificités et des ressources de chacun.

Le point commun entre tous les êtres qui ont changé de vie, posé des actes, transformé des situations et que j'ai cité dans ce livre est qu'ils ne se sont pas privés de quelque chose. Ils ont tous fait le choix de ce qui leur semblait le plus cohérent, même si c'était complexe à mettre en place. Et ils ont fait ce choix, car cette cohérence les rendait plus léger, plus heureux, plus vivant. Accepter et intégrer que nous sommes une part du monde vivant rend humble et apaise. Ce monde est notre écosystème. Il est nous. Quand nous serons plus nombreux à reconnaître cette réalité, nos choix de vie n'auront plus rien à voir avec le fait de posséder et de consommer. Ils seront guidés par le fait d'être.

Si nous changeons notre regard sur nous-même, si nous apprenons à être plus cohérents, bienveillants, responsables. Alors, tout devient possible. Ce constat, cette évidence, ce rêve réaliste, ce mouvement profond qui émerge autour de nous est pour moi un émerveillement de tous les instants.

Nous vivons sur une planète dont la beauté est d'une diversité immense. Nous sommes tous des papillons aux couleurs et formes innombrables et un seul battement d'ailes peut faire évoluer le monde vers le meilleur.

Ne vous découragez pas.

Si vous vous sentez seul, allez sur Internet, rejoignez des forums qui partagent des idées, des solutions, créer des groupes dans vos régions, dans vos villages.

Vous n'êtes pas seuls.

Nous sommes des centaines de milliers à œuvrer pour faire alliance avec la Terre, et l'intelligence du vivant est tellement fascinante…

Faisons confiance à la nature et laissons-la nous aider. Elle n'a pas besoin de nous pour exister et se développer mais nous nous avons besoin d'elle car elle est notre essence et notre avenir.

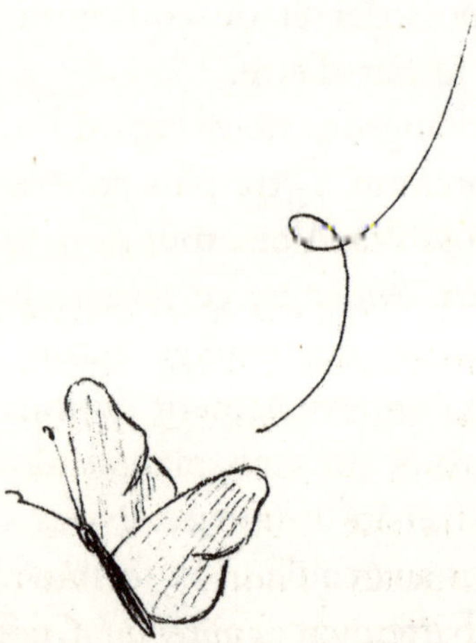

Pour aller plus loin

Répertoire non exhaustif des sites, influenceurs, applications, films et livres intéressants à découvrir pour en savoir plus et pour mieux entreprendre la mutation qui se présente à nous.

À lire

AKNIN (Nicole) et SCHRECROUN (Jacques), *Et si la vie voulait le meilleur pour nous. Petit traité de bientraitance*, Presses de la Renaissance, 2010.

D'ANSEMBOURG (Thomas), *Notre façon d'être adulte fait-elle sens et envie pour les jeunes ?*, Éditions de l'Homme, 2020.

D'ANSEMBOURG (Thomas) et VAN REYBROUCK (David), *La Paix, ça s'apprend ! Guérir de la violence et du terrorisme*, Actes Sud, coll. « Domaine du possible », 2016.

d'Ansembourg (Thomas), *Qui fuis-je ? Où cours-tu ? À quoi servons-nous ? Vers l'intériorité citoyenne*, Éditions de l'Homme, 2008.

Azam (Geneviève), *Lettre à la Terre. Et la Terre répond*, Seuil, 2019.

Barrau (Aurélien), *Le Plus grand défi de l'histoire de l'humanité*, Michel Lafon, 2020.

Chabrillac (Odile), *Le Commencement de la fin*, 2016.

Chabrillac (Odile), *Sortir des bois*, Tana, 2020.

Clément (Hugo), *Journal de guerre écologique*, Fayard, 2020.

Clément (Hugo), *Comment j'ai arrêté de manger les animaux*, Seuil, 2019.

Dalaï lama, Stril-Rever (Sofia), *Nouvelle réalité. L'Âge de la responsabilité universelle*, Les Arènes, 2016.

Dion (Cyril), *Petit manuel de résistance contemporaine*, Actes Sud, coll. « Domaine du possible », 2018.

Morizot (Baptiste), *Manières d'être vivant*, Actes Sud, 2020.

Picq (Pascal), *Sapiens face à Sapiens*, Flammarion, 2019.

Pouydebat (Emmanuelle), *Quand les animaux et les végétaux nous inspirent*, Odile Jacob, 2019.

RABHI (Pierre) et DUQUESNE (Juliette), *Vivre mieux sans croissance*, Presses du Châtelet, 2019.

REEVES (Hubert) et BOUTINOT (Nelly), *Hubert Reeves nous explique – 1 – La Biodiversité*, illustré par Daniel Casanave, Le Lombard, 2017.

REEVES (Hubert), *Mal de terre*, avec Frédéric Lenoir, Seuil, coll. « Science ouverte », 2003.

RICARD (Matthieu), *Plaidoyer pour les animaux. Vers une bienveillance pour tous*, Allary, 2014.

RIFKIN (Jeremy), *Le New deal vert mondial. Pourquoi la civilisation fossile va s'effondrer d'ici 2028. Le Plan économique pour sauver la vie sur terre*, Actes Sud, 2019.

RUIZ (Miguel), *Les Quatre accords toltèques. La Voie de la liberté personnelle*, Jouvence, 2018.

RYCHNER (Antoinette), *Après le monde*, Buchet Chastel, 2020.

SERVIGNE (Pablo) et CHAPELLE (Gauthier), *L'Entraide, l'autre loi de la jungle*, Les Liens qui libèrent, 2017.

VARGAS (Fred), *L'Humanité en péril*, Flammarion, 2019.

VIDAL (Julien), *Ça commence par moi*, Seuil, 2018.

VIVERET (Patrick), *La Cause humaine. Du bon usage de la fin du monde*, Les Liens qui libèrent, 2019.

Les sites

Adopte 1 poule, https://adopte1poule.fr/

Agir pour l'environnement, https://www.agir-pourlenvironnement.org/

Aspasnature, https://www.aspas-nature.org/

Branch Basics, https://branchbasics.com/

Ciwf, https://www.ciwf.fr/

Consommons moins d'huile de palme, nopalm.org

Eco B&B, https://ecobnb.fr/

Fondation GoodPlanet, https://www.goodplanet.org/fr/

Fondation pour la nature et l'homme, http://www.fondation-nature-homme.org/

Global impact, https://www.global-impact.fr/

I-boycott, https://www.i-boycott.org/

La Fabrique Écologique, https://www.lafabriqueecologique.fr/

La Fourche, le meilleur du bio moins cher, https://lafourche.fr/

La relève et La Peste, https://lareleveetlapeste.fr/

Le petit guide bleu – vivre sans huile de palme, http://vivresanshuiledepalme.blogspot.com/p/le-petit-guide-bleu.html

Les ressourceries (partout en France) pour recycler ou réparer.

Local Harvest, https://www.localharvest.org/

Nous voulons des coquelicots, https://nousvoulonsdescoquelicots.org/

One home, https://fr.onehome.org/

Planète Vie, https://planet-vie.ens.fr/

Reduce Waste Now, https://reducewastenow.shop/

Referendum pour les animaux, https://referendumpourlesanimaux.fr/

Réseau Action Climat, https://reseauactionclimat.org/

SumOfUs, https://www.sumofus.org/fr/

Sundance family foundation, https://www.sundancefamilyfoundation.org/

The Redford Center, https://redfordcenter.org/

Ticket for change, https://www.ticketforchange.org/

Les applications

90 jours ; Wag ; Boycott ; Yuka ; Toogoodtogo ; Clearfashion ; Zéro waste objective ; Yes we green ; Karbon ; Reductor ; Guide du tri ; Flow ; Eco-citoyens ; Ocean's zéro ; Ecocompare ; Buy or not ; Karma ; Frigo magic ; Etiquettable ; Planet océan ; Fruits et légumes de saison ; Vegresto ; Welp ; Entourage ; Zewaow ; Indigo ; Homeless

Plus ; Plantnet ; Inaturalist ; Clés de forets ; WWF Together ; Toca Nature ; Karos ; Klaxit ; Open bike ; Fair trip ; Ballades Paris Durable ; Clean-Beauty ; CosmEthics ; QuelCosmetic ; Aroma-guide ; Namatata ; Cinq minutes de méditation ; Calm ; Fairphone ; Astuces Ecolo ; Eat4good ; Breathe Up ; Ecocompare ; Eco-Emballages ; Oplug ; Le-Club-Bio ; Wild it ; Les Primeurs…

Les influenceurs à suivre sur Instagram

Hugo Clement ; Julien Vidal ; Happyearthnow ; WHAW ; Positif ; Agis maintenant ; Goodplanet ; Les petits gestes ; Sumofus ; Gretathunberg ; Cyril Dion ; Pierre Rabhi ; L'effet Papillon ; Perrine @asundaymorningperrine ; Bénédicte et Jérémy @famillezerodechet ; Bénédicte @girl_go_green ; Ludivine @moveyourearth ; Noemie @naturellementgreen ; Julie @sorteztoutvert ; @peau_neuve ; @cleanwalker.off ; larevolutiondestortues ; @ odilechabrillac ; imparfaite ; sustainabilitychampions ; Elliot Lepers ; Melanie Laurent ; Juliette Binoche ; Béa Johnson ; Alexandra Cousteau ; Claire Nouvan ; Pierre Rigaud ; Aurélien Barrau ; Rosalie Mann ; Hugo Viel ; Ysée Parmentier ; Clara Duchalet ; Agis maintenant ; Let's Clean Up Our Planet ; Appelcoquelicots ; Aspasnature ;

Onehomeorg ; Globalimpact ; Pasfoulebourdon ; Cacommenceparmoi ;Youth For Climate ;On est prêt ; Fondation GoodPlanet ; Branchbasics…

Les podcasts

Vlan ; Métamorphose ; Nouveau Modèle ; PlanetEarth ; Innovation : The Environment ; De cause à Effet ; La terre au carré ; Ça commence par moi ; Supplément d'Âme ; Green letter ; Mercredis Ecologie – Youmatter ; 20 minutes avant la fin du monde – Fréquence Moderne…

Les films

ANDERSEN (Kip) et KUHN (Keegan), *Cowspiracy*, 2014.

ARTHUS-BERTRAND (Yann), *Home*, 2009.

ARTHUS-BERTRAND (Yann), *Human*, 2015.

BING (Wang), *L'Argent du charbon*, 2009.

BOOTE (Werner), *Plastic Planet*, 2009.

BOOTE (Werner), *L'Illusion verte*, 2018.

BOURGEOIS (Olivier) et BAROUGIER (Pierre), *Nous resterons sur terre*, 2009.

CADRIN-ROSSIGNOL (Iolande), *Hubert Reeves – La Terre vue du cœur*, 2018.

Chester (John), *Tout est possible*, 2019.

Coisman (Carine) et Lenoir (Julien), *Permaculture, la voie de l'autonomie*, 2019.

Cohen (Bonni) et Shenk (Jon), *Une suite qui dérange*, 2017.

D'Avella (Matt), *Minimalism*, 2007.

Dhelsing (Marie-Dominique), *Pierre Rabhi, au nom de la terre*, 2013.

Dion (Cyril) et Laurent (Mélanie), *Demain*, 2015.

Drouet (François-Xavier), *Le Temps des forêts*, 2020.

Einsiedel (Orlando von), *Virunga*, 2014.

Esposito (Martin), *Super trash*, 2013.

Fothergill (Alastair) et Linfield (Mark), *Un Jour sur Terre*, 2007.

Fox (Josh), *Gasland*, 2010.

Freedman (Joel), *To Protect Mother Earth*, 1989.

Fricke (Ron), *Baraka*, 1994.

Fulkerson (Lee), *La Santé dans l'assiette*, 2013.

Guggenheim (Davis), *Une vérité qui dérange*, 2006.

Harrell Tickell (Rebecca) et Tickell (Joshua), *Kiss the Ground*, 2020.

Hughes (Jonathan), Scholey (Keith) et Fothergill (Alastair), *Une vie sur notre planète*, 2020.

Imhoof (Markus), *Des abeilles et des hommes,* 2013.

Jacquet (Luc), *Il était une forêt*, 2013.

Jaud (Jean-Paul), *Nos enfants nous accuseront*, 2008.

Jaud (Jean-Paul), *Severn, la voix de nos enfants*, 2010.

Jaud (Jean-Paul), *Tous cobayes*, 2012.

Leeson (Craig), *A plastic océan*, 2016.

Lemaire (Olivier), *Global Waste*, 2011.

Lièvre (Jean-Albert) et Hulot (Nicolas), *Le Syndrome Titanic*, 2007.

Lorenz (Hermann), *Water makes money*, 2010.

Maurer (Udo), *Un monde sans eau*, 2007.

Médigue (Hélène), *On a vingt ans pour changer le monde*, 2017.

Moore (Michael), *Marchands de Doute*, 2015.

Neeves (Tim), *Brave Blue Word*, 2020.

Nixon (Robert) et Stevens (Fisher), *Mission Blue*, 2014.

Piantanida (Thierry), Ragobert (Thierry) et Lemire (Jean), *La Planète Blanche*, 2006.

Psihoyos (Louie),*The Cove : La Baie de la honte*, 2009.

Psihoyos (Louie), *The Game Changer*, 2019.

Robin (Marie-Monique), *Le Monde selon Monsanto*, 2008.

ROBIN (Marie-Monique), *Notre poison quotidien*, 2011.

SAUPER (Hubert), *Le Cauchemar de Darwin*, 2004.

SCHNELL (Urs), *Bottled life*, 2012.

SCHWARTZBERG (Louie), *Pollen*, 2011.

SIEWIERSKI (Michal), *Food Choices*, 2016.

SERREAU (Coline), *Solutions locales pour un désordre global*, 2010.

STEVENS (Fisher), *Avant le déluge*, 2016.

STEWART (Rob), *Les Seigneurs de la mer*, 2006.

THÉBAULT (Guillaume), *Futur d'espoir*, 2015.

TIXIER (Alain), *Bonobos*, 2011.

TOESCA (Michel), *Libre*, 2018.

WAGENHOFER (Erwin), *We Feed the World*, 2005.

WINTERS (Rolf) et HEINEN (Renata), *Gardiens de la Terre*, 2015.

Remerciements

Merci à mon ami Guy Corneau (qui me manque encore et toujours), sans lui ce livre n'existerait pas et sans lui, je ne serais pas qui je suis, car il avait le talent de révéler, les êtres qu'il aimait, à eux même. Il savait avant nous qui nous étions et nous invitait si joyeusement à nous faire confiance et à nous déployer pour offrir au monde notre singularité.

Merci à mon amie Nicole Aknin qui m'a montré le chemin de la lumière.

Merci à Thomas d'Ansembourg pour sa confiance, son exigence bienveillante et son soutien. Malgré sa charge de travail immense, il a pris le temps de me lire, de me conseiller et de soutenir cet écrit en le préfaçant. Ma gratitude est infinie.

Merci à Florence Lottin, mon éditrice, qui est un être à part. Elle est si passionnée, enthousiaste, constructive et ouverte. Elle m'accompagne tellement généreusement et patiemment quand je doute, quand je cherche, quand je crois savoir… Elle a toujours la question juste ou la conviction qui apaise. J'ai une chance immense d'avoir croisé son chemin et je suis honorée de la confiance qu'elle m'accorde.

Merci aussi à toute l'équipe de Pygmalion. Quentin Monstier et Pauline Giuseppone. Quel cadeau d'être accompagnée dans la création par des êtres intelligents, dévoués et à l'écoute.

Merci aussi à mes « lecteurs – amis » Aurelien Drach, Sophie Estenne, Mila Lights qui lisent avec bienveillance mais attention et rigueur. Ils me font progresser grâce à leurs commentaires et propositions. Merci à Laurie Neuhuys-Barboteau qui a eu envie d'illustrer ce livre. J'adore son travail et c'est une joie de savoir que son talent accompagne cet écrit. Merci aussi Hélène Coudercy pour son aide précieuse en communication sur les réseaux sociaux et à Ludmilla Garau qui est si généreusement et infailliblement présente et soutenante.

Merci à mes lecteurs qui m'encouragent et à leurs courriers et commentaires qui donnent du sens à ce que je fais.

Merci à Jean Luc, mon amour, et Nicolas, mon fils, d'être dans ma vie et de m'encourager à poursuivre même quand je doute. Je vous aime.

Merci à mes amis : Sophie, Marc, Alain, Sania, Ben, Audrey, Olivier, Mila, Lise, Cora, Louise, Odile, Aurélien, Charlotte, Stéphanie, Françoise, Nicole, Jacques, Katia, Sandrine, Jean-Pierre qui me portent et m'encouragent depuis si longtemps.

NORD COMPO
multimédia

Composition et mise en pages
Nord Compo à Villeneuve-d'Ascq

N° d'édition : L.01EUCN000964.N001
Dépôt légal : janvier 2021
Achevé d'imprimer en janvier 2021 en Espagne par Liberdúplex